DIETHER LAUENSTEIN

DIE VIER DENKMODELLE DES ABENDLANDES

Vorträge
13

Diether Lauenstein

Die vier Denkmodelle des Abendlandes

Urachhaus

Johannes M. Mayer GmbH & Co. KG

Gesamtherstellung Greiserdruck Rastatt
ISBN 3 87838 199 9

Verehrte Anwesende!

Der Neomarxismus hat in den letzten zehn oder fünfzehn Jahren das allgemeine Bewußtsein unserer Jugend verändert. Er prägt heute zum guten Teil die Wissenschaft der Soziologie oder die Gemeinschaftskunde. Sie ist den Neomarxisten wichtiger geworden als die Naturwissenschaft, auf welche das vergangene Jahrhundert vorzüglich blickte. Die Neomarxisten setzen sich im Unterschied von Lenin, Engels und dem alten Marx vom Positivismus des neunzehnten Jahrhunderts ab, von der wissenschaftlichen Verhaltensweise, die nur materielle Vorgänge berücksichtigt und heute in den Sachwissenschaften überall noch herrscht. In der Technik und in deren Hilfsdisziplinen herrsche der Positivismus zu Recht, sonst zu Unrecht. Die Neomarxisten fragen nicht mehr allein nach dem, was ist und wie dies in Formel und Maschine zu bannen sei, sondern vielmehr danach, wer etwas sagt und wozu er dies tut, was er unter Menschen damit bewirkt. Man nimmt den Menschen, der Wissenschaft betreibt, wichtiger als sein Wissen.

Ich darf wohl gleich sagen, daß ich diese Wendung für günstig halte, wenn ich auch nicht bei dem Erfolg versprechenden Versuch der Herren, die deutsche Sprache durch ihr Soziologen-Esperanto zu ermorden, mit von der Partie sein möchte. Die Sätze der Herren, welche in den letzten zwanzig Jahren vorzüglich an der Universität in Frankfurt wirkten – Horkheimer, Adorno, Marcuse, Habermas und andere –, und oft schon ihre Worte sind mit griechischen, lateinischen und englischen Brocken dicht besetzt. Sie raffen die großen Sprachen des Abendlandes zusammen. Das neue Gemisch zeigt weder Gestalt noch Seele. Dabei möchte z. B. Habermas die Sprache als Wekkerin des Bewußtseins und Richtkraft des Handelns an die Stelle des Denkens setzen. Er drückt dies im Nachwort seines Buches »Kultur und Kritik« von 1973 so aus: »Sprach- und Wissenschaftstheorie treten heute das Erbe einer (transformierten) Transzendentalphilosophie an. Sogar die Moralphilosophie wird sich, soweit sie die universalen Regeln einer kommunikativen Ethik aus Grundnormen vernünftiger Rede abzuleiten vermag, als eine rekonstruktive Wissenschaft etablieren« (S. 413). Hier ist kein Geist am Werk, der kräftig sich ein neues Sprachkleid bilden würde. Diese Männer empfingen ihre Prägung durch Marx und durch die Zivilisation Nordamerikas, wo die älteren zehn bis zwanzig Jahre im Exil lebten. Sie wissen nicht, daß für den Ausdruck neuer Gedanken – dafür halten sie ihre Lehre –, für die Sicherung von deren Echtheit es nötig wäre, mit einer schlichten Sprache umzugehen. Wie Sie, verehrte Zuhörer, in einem handschriftlichen Brief zuerst das Schriftbild ansehen, um zu bemerken, was für ein Mensch der Absender sei, so blicken wir hier zuerst auf die Sprache und erst hernach auf die Lehre. Von der Sprache her müßte ich urteilen, daß in dieser Soziologie kein Schimmer neuer Kultur liege, kein Morgenrot etwa eines reicheren seelischen Lebens. Dennoch erweiterte der Neomarxismus den Blick der Öffentlichkeit über den Positivismus hinaus.

*

Positivismus und Neomarxismus betrachten das Leben in ganz verschiedener Weise. Zwei andere Weisen müssen wir außerdem beschreiben, um der europäischen Kultur gerecht zu werden. Eine jede dieser vier zeichnen wir in ihrer einfachsten Form, welche wir Modell nennen. Wir erwägen, was sie leisten und ob ihre Leistung gesteigert werden könne. Das vierte Modell erweist sich als erweiterungsfähig, zunächst mittels einer gründlichen Selbstkritik des Erkennenden, dann unter Umständen mit der Hilfe des christlichen Hauptsakramentes als Weg zu einer sicheren und besseren Lebenspraxis.

Der Positivismus ist kaum hundertfünfzig Jahre alt, die ihm zugrunde liegende Denkweise gibt es seit etwa fünfhundert Jahren. Die Älteren unter uns sahen in ihrer Jugend das religiöse Leben Europas seit der Reformation Zwinglis, Luthers und Calvins und das wissenschaftliche Leben seit Nikolaus von Kues durch sein Büchlein über die Waage und seit Galileo Galilei durch seine »Nuova Scienzia« als erneuert und wohl bewährt an.

Der Kardinal Nikolaus von Kues, auch Cusanus genannt (1401–1464), war Neuplatoniker in Plotins Gefolge; als solcher war er nicht nur Theologe und Philosoph, sondern auch Mystiker und Mathematiker. Aber für das Reich des Toten in der Natur sah er als erster, daß hier richtig nur mit Messen und Wiegen und ohne Beachtung der Formen verfahren werde. So erblickte er schon die neuzeitliche Physik, der zweihundert Jahre später Galilei (1564 bis 1642) durch die mechanischen Gesetze ein festes Rückgrat und die bleibende Form gab. Es handelt sich um eine Physik, die nur wiegt, mißt und rechnet.

Beide Ströme, den wissenschaftlichen von Galilei und den religiös-individuellen von Luther und Calvin her, faßte Kant (1724–1804) grandios zusammen. Die Religion erscheint bei Kant wie bei Calvin zwar beinahe zur Moral verflacht; in seinen und der Aufklärung des achtzehnten Jahrhunderts drei Idealen »Gott, Freiheit und Unsterblichkeit«, an dieser dreigliedrigen Himmelsgestalt tragen die Flügel ihre Mitte; die Mitte heißt »Freiheit oder Moral«, die durch Kant die Form des kategorischen Imperativs annahm, des Imperativs oder Befehles, welchen jeder Denkende und Ordnung Liebende sich selbst gibt. Kant

band diese Moral durch seine ausführliche Erkenntnistheorie und vorsichtige Metaphysik so an die zählende und rechnende Physik Galileis, daß der Mensch, der erkennende und moralisch wollende, zwar wie ein Doppelwesen, das doppelgleisig denkt und lebt, aber doch mit beiden Hälften in diesem Gedankenhause wohnen könne. Seine Nachfolger Fichte, Schelling und Hegel haben die Mängel dieses Doppellebens aufgewiesen und neue, einheitliche Vorschläge gemacht; aber seit etwa dem Jahre 1840 fühlten die allermeisten Naturwissenschafter und mit ihnen die gebildete Welt sich durch das Hochgebirge des Deutschen Idealismus überfordert; sie glaubten ohne viel Prüfung sich durch Kant zugleich moralisch und erkenntnistheoretisch-wissenschaftlich abgesichert und ergaben sich im Wissen nur der Denkrichtung Galileis. Den Beweis ihrer Lehre suchten sie allein in Experiment und Technik. Die Technik arbeitet so bis heute – selbst mit den Apparaten der Medizin und den Chemikalien der Heilmittel.
Diesen »wissenschaftlichen Glauben«, der heute alle Industrieländer anstelle durchdachten Wissens beherrscht, propagierte Auguste Comte (1798–1857) und nannte ihn Positivismus: den Glauben an die technische Machbarkeit der Welt. Comte meinte, der Wahrheitsbeweis der Physik und mit ihr aller Wissenschaft läge allein in der Anwendung und im Arbeitsergebnis. Dieser Glaube herrscht heute auch dort, wo Marxisten Staaten leiten.
So praktisch der Positivismus für die Technik ist, so verhängnisvoll ist er für das soziale Handeln. Da er keine Einsicht in Idee und Form, keine denkende Rechtfertigung kennt, wird für ihn »Wahrheit« zu Machbarkeit, und wie sonst etwas Wahres im Tun immer zum Richtigen leitet, so führt man nun das Machbare nahezu immer aus. So entstand der Biologismus Hitlers, so die Atom-

bombe, und so werden die Biologen künftig arbeitsfähige Menschenkrüppel züchten. Um mich hier mit der Ableitung der satanischen Ethik nicht zu lange aufzuhalten, reihe ich ihre Grundsätze gemäß den alten Idealen auf: Aus wahr wird »machbar«; aus gut wird »konform«, mit der Mehrzahl oder Machtgruppe übereinstimmend; aus schön wird »reizend« und dies im schlimmen Sinne, das heißt Lust oder Begierde anstachelnd. – Der Verkehrung der alten Ideale folgt die der alten Werte: Aus gesund wird »arbeitsfähig« im technischen Sinne, aus verdienstvoll wird »beliebt«, bekannt oder gar einflußreich.

Die Neomarxisten, an deren Spitze heute Jürgen Habermas steht, brachen in den sechziger Jahren für die breite Öffentlichkeit mit dem wissenschaftlichen Glauben des populären Positivismus. Dies geschah bei Habermas anhand einer fast vergessenen Jugendschrift von Karl Marx. Marx kam von Hegel und schrieb gegen jenen mit achtundzwanzig Jahren in der Verbannung zu Paris einen Entwurf der Geschichte; wir nennen ihn die »Pariser Papiere« von 1847. Hegel sah als erster in der Geschichte Gesetze, die den logischen in einem Begriffsgebäude ähnlich sind. Er hielt den modernen Verwaltungsstaat für das Ziel der politischen Geschichte. Marx verstand Geschichte als Gemeinschaftswerk mit immer stärkerer Arbeitsteilung. Auch er sah das vorläufige Ziel, aber nicht das Ideal, im modernen bürokratischen Staate. Marx verlegte den Ton vom Denken aufs Tun; er gab dem Denken keinen anderen Sinn als den, das praktisch-technische Tun zu fördern. Das Ergebnis der Arbeit wird nicht nur durch Fähigkeiten, die der Einzelne lernt, gefördert, sondern noch mehr durch bessere Arbeitsordnung, durch die Arbeitsteilung. Die rechte Ordnung ist der Inhalt des Denkens, sie ist die weisende Kraft der arbeitenden Gemeinschaft, und darum gilt bei Marx die Theorie als Aus-

druck der jeweiligen sozialen Praxis. Die Praxis ist die Theorie.
Die Einheit von Theorie und Praxis übernehmen Marcuse und Habermas, letzterer in seinem ebenfalls mit achtundzwanzig Jahren geschriebenen »Literaturbericht« von 1957. Sie weisen darauf hin – Marcuse am radikalsten –, daß der Positivismus nur einer bestimmten Stufe der Gemeinschaftsarbeit entstamme und bei deren Weiterentwicklung durch die Automation der Wirtschaft nicht so bleiben könne, wie er im neunzehnten Jahrhundert entstand. Sogar die Naturwissenschaft selbst spiegele eine bestimmte und beschränkte theoretische Stufe der tätigen Menschheit; sie sei nicht für immer wahr, sondern in den letzten Jahrhunderten nur sehr nützlich gewesen. Später oder schon bald mögen andere Wissenschaften mit anderen Grundbegriffen förderlicher werden.
Wir fügen hinzu: Das naturwissenschaftliche Denken treibt für das Handeln zwischen Menschen zum Bösen, denn es sucht überall zwingende Gesetze und wendet sie auch an. Es macht darum Menschen zum passiven Objekt und gar zum Mittel für ihnen fremde Zwecke, was nach Kant das Böse selbst ist. Diese Denkweise ist das große Nein zur menschlichen Freiheit. Wir müssen dringend über solche Art von Wissenschaft hinausblicken. Wir versuchen es hier durch vier Denkmodelle zu tun, welche den drei Stufen der Natur und dazu dem Menschen entsprechen. Vier Stufenreiche begreifen wir an vier Modellen. Ich habe in meinem Buche »Das Ich und die Gesellschaft« von 1974 zwölf solcher Modelle genannt, die seit Platon von Philosophen entwickelt wurden, und habe sie beschrieben; vier von ihnen aber gehen durch ihre Wichtigkeit den übrigen voraus. Wir beginnen mit dem Modell für die unbelebte Natur.

*

Werner Heisenberg faßt in seinem Buch »Der Teil und das Ganze« von 1969 Galileis und aller neuerer Physiker Denken, ihr Begriffssystem, in das Bild des Billardspieles, in welchem Kugeln gestoßen werden und sich gegenseitig weiterstoßen. Das Spiel schaltet die Schwere durch die Ebene des Tisches aus, die Schwere als die Hauptkraft, die von der Erde her auf alle Dinge wirkt. Die besonderen Formen der Dinge werden durch die Kugel als die denkbar einfachste Form ausgeschaltet. Um so genauer können der Stoß und seine Richtung gemessen werden. Ähnlich wird in dieser Physik ein Ding gewogen, werden

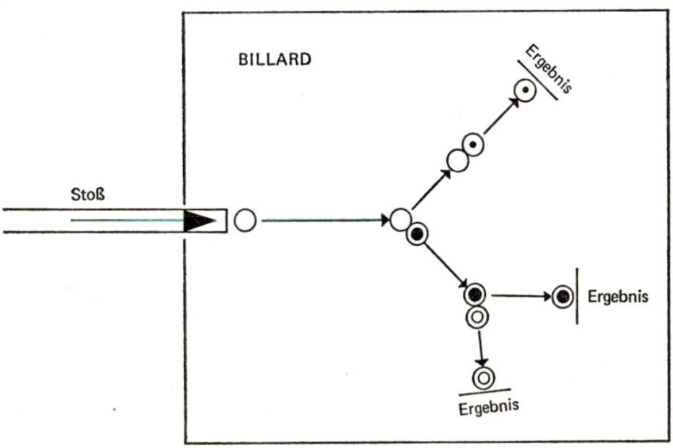

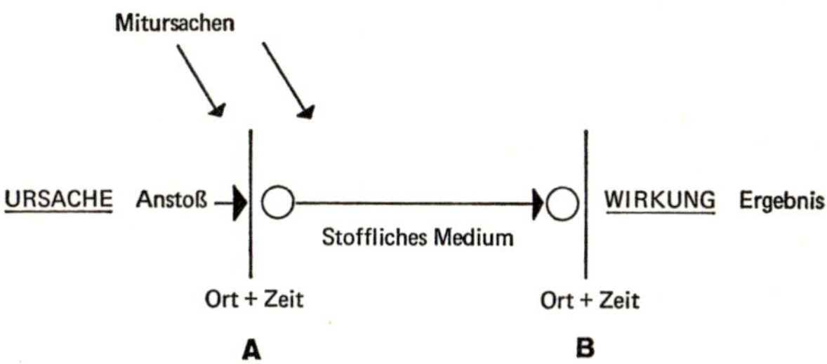

seine Dichte oder sein spezifisches Gewicht, seine Elastizität und andere Eigenschaften durch Zahlen bestimmt. Alle Ursachen und Bedingungen von Vorgängen werden gemessen, die Wirkung wird voraus berechnet und nur zur Kontrolle hernach noch einmal gemessen. Wie es im Billard neben Kugel und Ebene keine anderen Formen gibt, beachtet diese Physik außer für die Mechanik Formen überhaupt nicht. Sie beachtet auch keine Letztursache, keinen echten Anfang und kein natürliches Ziel eines Vorganges, Anfang und Ziel, wie sie dem Lebenden etwa als Same und Tod eigentümlich sind. Vielmehr faßt der Physiker immer nur die körperliche Nächstursache und das direkt folgende Ergebnis einer Bewegung in seinen Blick.

Freilich haben die Atomphysiker, deren lebender Altmeister Heisenberg ist, mit diesem Modell ihre Not; es paßt nicht; Galileis Modell bleibt für sie aber das Ideal. Jürgen Habermas sagt von dem Physiker Carl Friedrich von Weizsäcker, seinem jetzigen Kollegen im Max-Planck-Institut zu Starnberg, früher war er Heisenbergs jüngerer Mitarbeiter, seine Mühen als Philosoph sammelten sich zu dem Versuche, die Atomphysik wieder der klassischen Physik zu unterwerfen. Das genau darzustellen, führt uns zu weit. Die Bemerkung zeige nur, daß ich auf die schwierige Darstellung der theoretischen Kernmodelle verzichte und daß hier dieser Verzicht für eine Gesamtbetrachtung der Lage der gegenwärtigen Wissenschaft wohl erlaubt ist, weil er unseren Überblick fördert.

*

Vor Galilei und vor Nikolaus von Kues beherrschte Aristoteles (384–322 v. Chr.) die Naturwissenschaft. Er bildete als seinen wichtigsten Begriff den der Substanz oder des leiblichen Wesens und zählte dafür fünf Ursachen auf. Unter Substanz verstand Aristoteles jede natürliche Einheit, jedes Ding oder Wesen. Das Wesen und seine Ursachen dachte er so miteinander verbunden, daß sich für sie als Bild die einjährige Pflanze anbietet. Diese natürliche Pflanzengruppe stellt bekanntlich nicht die älteste Form höherer Pflanzen dar; die Gruppe mit einer überwinternden Kriechwurzel ist älter; aber die einjährige Pflanze spiegelt das Zusammenspiel zwischen Sonne und Erde oder von formendem Licht, von Stoff und Rhythmus so eindeutig, daß sie zum Urbild wird. Aristoteles verstand nach ihrem Bilde alle Formen des Lebens, zu denen er auch das System von Erde, Sonne und Planeten zählte, nur nahm er für dieses kein Werden und Vergehen an.

Das Weizenkorn ruht im Winter. Das Korn ist Same, und dieser ist bei sehr vielen Pflanzen schwer erkennbar; er ist unscheinbar, meist sehr klein und stellt fast nur die Möglichkeit zu seiner Pflanze dar; er zeigt wenig Form, nur etwas Stoff um einen Punkt. Zu seinem Beispiel wählt das Evangelium »das Senfkorn, welches das kleinste unter den Samen ist und sich hernach zu einem großen Busch entfaltet, in dem die Vögel des Himmels wohnen« (Matthäus 13.32). Die Pflanze offenbart ihre Form erst dann ganz, wenn sie blüht; sie ist nun verwirklicht. Reift der neue Same aber, dann stirbt die Mutterpflanze, sie verwest, fällt zurück in den allgemeinen Stoff, den wir in diesem Fall Kompost nennen.

Sammeln wir von diesem Bild die Begriffe, so finden wir rings um die Substanz, rings um das Wesen, fünf Ursachen: 1. die Form; sie findet ihre höchste Wirklichkeit während der Blüte – eigentlich ist sie ein Formenkreis in der Zeit, welcher im Raum immer nur mit Teilen, aber nie ganz erscheint –. Die 2. Ursache ist der Stoff.

Er zeigt sich als ein besonderer, nur dieser Art zugehöriger im Korn, als irdisch-allgemeiner im Stroh, das im Kompost vergeht, verwest. Das Stroh steht also auch noch unter einer 3. Ursache, unter dem Formverlust oder der Verwesung. Eine 4. Ursache ist das Frühjahr als Anfang oder Anstoß der Entwicklung, und die 5. ist die Ernte. In der Natur ohne menschliches Zutun nennen wir sie Ziel, das vom Menschen gesetzte Ziel aber nennen wir Zweck. Form, Stoff, Anfang der Entwicklung, Ziel oder Zweck und Verwesung, die auch Beraubung heißt, sind nach Aristoteles die fünf Ursachen der Substanz. Sie sind Letztursachen; und ihre gemeinsame Wirkung ist das eine sich entwickelnde und wieder vergehende Wesen. Dieses Wesen ist mit Stoff verbunden, es ist – außer den Planeten – vergänglich. Meint man es aber nur als reine Form, wir würden sagen als Art, dann ist es laut Aristoteles ewig wie das Licht.

Werdende und vergehende leibliche Wesen haben danach fünf Ursachen, zu welchen gleichwertig noch zwei andere Begriffe gehören: 1. die Möglichkeit (im Samen) und 2. die Wirklichkeit (nach Aristoteles in der blühenden Pflanze, nach Goethe im Kreislauf ihres Daseins). Diese sieben Grundbegriffe ordnen wir übersichtlich in einer Skizze, bei der die Senkrechte die Kräfte im Raum und die Waagerechte solche in der Zeit anzeigen. – Zuerst blicken wir auf das flüchtige Spiel des Lichtes mit der Finsternis allein im Raum und dann auf das ähnliche, derbere Spiel der Formen mit dem Stoffe, auf welches die Zeit kräftig einwirkt. Die Seele lebt ganz in der Zeit.

Wenn aber Galilei von Ursache spricht, dann meint er die Nächstursache eines mechanischen Vorganges und nicht die Ursache eines Lebewesens; und wenn er von Wirkung spricht, meint er nur das nächste Ergebnis eines Vorganges. Er redet nicht vom Leben, und er meint nie-

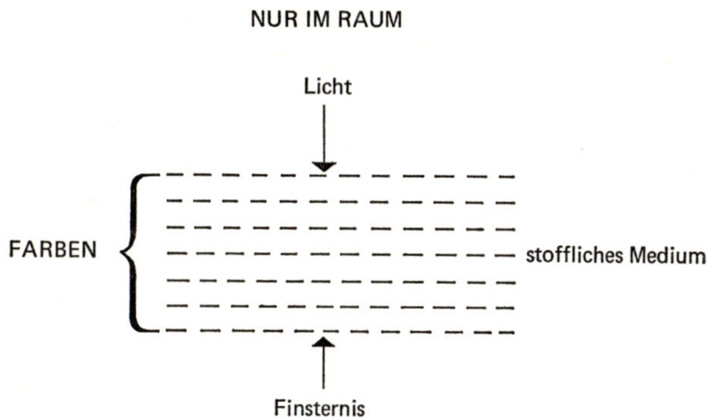

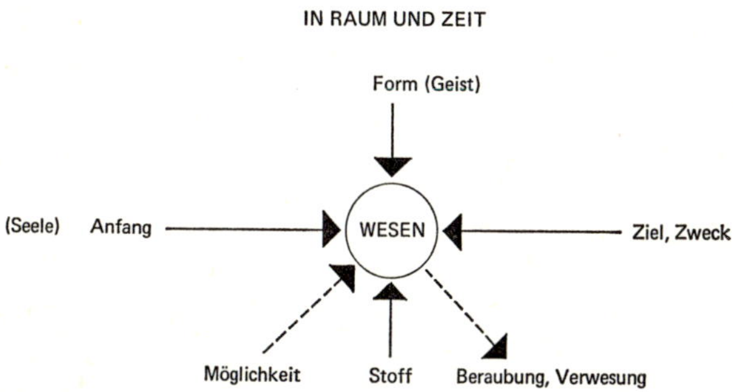

Die zur Möglichkeit gehörende Wirklichkeit liegt im Wesen.

mals etwas Ewiges, sondern immer nur Einzelheiten im Zeitverlauf und die Gesetze desselben. Solche vergänglichen Vorgänge kennt selbstverständlich auch Aristoteles; auch er sieht sie unter dem Gesetz des mechanischen Zwanges, den er anánke nennt, aber sie erklären ihm nur etwas Totes und damit etwas Untergeordnetes, nicht die Lebewesen, kaum etwas am Menschen und nicht die Welt.

Er bildet seine tragenden Grundbegriffe nicht wie Galilei am Toten, sondern sogleich an den lebenden Wesen. – Verehrte Hörer, verzeihen Sie bitte diese Aufzählung vieler Begriffe. Nachdem ich hier in Kürze die Denkmodelle des Abendlandes seit Platon zeichne, komme ich hernach um so gründlicher zurück zum heutigen Streit, der zugleich um unsere Wissenschaft und um unser Leben geht.

Platon (428–348 v. Chr.) schuf vor seinem Schüler Aristoteles ein anderes Modell: das Machen eines Dinges durch den Handwerker. Da dieses Machen großenteils technisch ist – die Griechen nannten das Handwerk téchnē – und da die Technik von Galilei einfacher als von Platon begriffen wurde, dürfen wir Platons Modell beiseite lassen. Zum Handwerk gehört als eine zweite Kraft die Kunst. Auch über die Künste hier zu reden, würde zu weit führen. Wir können das Machen eines Dinges durch

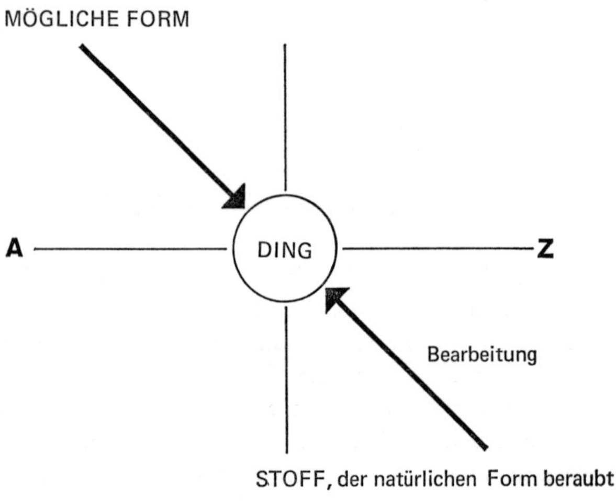

den Menschen aber am aristotelischen Modell verdeutlichen, indem wir die Möglichkeit, welche in der Natur, wie ein Same im Acker, im Stoff liegt, nun in den Bereich der reinen Formen hinaufheben. Sie wird dort zum Vorgedanken des handelnden Menschen. Dieser Gedanke gliedert sich im Tun solchen Stoff an, der zuvor der Natur durch Beraubung entrissen wurde.

*

Heute viel verwendet ist als drittes das Bühnenmodell, das Bild für das Zusammenwirken der Tiere in der Natur und der Menschen untereinander nach Rollen. Kaiser Augustus verwandte es schon, aber erst der Neomarxismus räumt ihm die herrschende Stelle ein. Diese Denkgruppe mit Habermas an der Spitze unterscheidet sich von Marx in seinem Werk »Das Kapital« 1867, von Engels und Lenin dadurch, daß sie das Billardspiel nicht in erster, sondern erst in zweiter Linie als Denkmodell benutzt. Das Pflanzenmodell bleibt unverwendet.
Die Bühne als Modell ist dem ganzen Marxismus zu eigen und enthält bei ihm die Meinung, daß der einzelne Mensch seine Rolle, jedenfalls seine Rollengruppe oder Klasse, nicht wechsele. Bei den Tieren mit der jeweiligen Rolle ihrer Arten ist dies ohne Zweifel so, und Marx definierte den Menschen als »arbeitendes Tier«. In dieser Formel wird Arbeit jedoch nicht als eine geistige, schöpferische Tat des Einzelnen verstanden. Marx und seine Schüler blicken nur auf eine kollektive Einübung der physischen Arbeit in Kindheit und Jugend. So steckt für sie im »Tier« nur die Vererbung und in der »Arbeit« nur die soziale Umwelt. Weil Arbeit das Besondere des Menschen darstellt, hat sie die höhere Rolle. Vererbung und Umwelt wurden von allen Materialisten als die Ur-

sprungskräfte des Kindes angesehen – selbstverständlich halten auch wir sie für mächtig wirkende Gewalten –, wobei im Westen die Vererbung und im marxistischen Osten die Umwelt an die erste Stelle rückt. Das Milieu des Kindes gilt im Osten als der Fels, auf den sich mit Verlaß bauen läßt, an dem die Illusionisten scheitern. Gering wird dagegen das Denken des Erwachsenen und fast unmöglich sein freies Umdenken eingeschätzt. – Gehirnwäsche ist kein Umdenken, sondern ein Austausch von mageren Begriffssystemen; sie gelingt nur bei solchen Menschen, die philosophisch ungeschult sind und darum nicht wissen, wie sie denken, oder die im Sinne des Positivismus nur auf Machbarkeit achten, während Gedanken ihnen gleichgültig sind.

Den Marxisten gilt außerdem immer ein kleinerer Teil einer Bevölkerung als falsch gelagert; immer habe es, heißt es, viele Arbeiter und wenige herrschende, nicht arbeitende Planer gegeben: Wie die denkenden Bürger des Altertums für die Handarbeit sich Sklaven hielten, so erfand in der Neuzeit mit viel größerem Wurf ein kleiner Teil der Bürger seine technische Produktion und den freien Markt, durch die sie mit Hilfe des Proletariats, mit Hilfe eines Heeres nur angelernter Arbeiter, billige Massengüter herstellen und auf dem Markt nach Angebot, Nachfrage und Zahlung verteilen. Ihr System heißt Kapitalismus. Diese Planer gehen nach dem Gesichtspunkt persönlichen Gewinnes vor. Das Ideal aber sei, so meint man mit Marx, die klassenlose Gesellschaft, in welcher die Arbeiter sich ihre Planer nach Bedarf und nur im Gemeininteresse selbst bestellen. Der totale Verwaltungsstaat gilt als Vorstufe der klassenlosen Gesellschaft des reinen Kommunismus, in welchem jeder nach seinen Fähigkeiten arbeiten und jeder nach seinen Bedürfnissen leben könne.

Unter den Neomarxisten verbindet besonders Marcuse seine Gedanken mit denen von Sigmund Freud. Die innere Nähe beider wird deutlich, wenn man die marxistische Sicht des Klassenkampfes, ähnlich, wie Freud es für seine Tiefenpsychologie tat, ins Bild hebt. Bemühte dieser zur Klärung der kindlichen Seelenentwicklung die altgriechische Sage von Ödipus, der unwissend seinen Vater erschlug und seine Mutter, die Königin-Witwe von Theben, heiratete, so läßt die marxistische Lehre vom immerwährenden Klassenkampf in der Geschichte sich ebenso leicht auf das Verhältnis des gerade erwachsenen Handwerker-Sohnes zum alternden Vater bei der Arbeit in ihrer eigenen Werkstatt zurückführen. Sie suchen miteinander das Gleichgewicht zwischen der hohen leiblichen Leistung des Sohnes und der größeren Erfahrung, den eingeführten Beziehungen und dem Verdienst des früheren Aufbaues der Werkstatt durch den Vater. Seine Erfahrungen und die Beziehungen übertragen sich Schritt vor Schritt auf den Sohn und in dessen Meinung noch schneller als in der Wirklichkeit. Er vergißt auch das frühere Verdienst des Vaters, welches vor des Sohnes Zeit fiel. Will der Vater trotzdem in der Werkstatt weiter bestimmen, ergibt sich für den Sohn das Bild einer reaktionären Herrschaft. In Wahrheit könnten sie sich durch ihre unterschiedlichen Vermögen unentwegt gegenseitig bereichern.

Nehmen wir nun zusätzlich an, sie hielten für die Werkstatt einen Buchhalter und dieser errechne, welche Arbeiten, von wem ausgeführt, unter welchen Bedingungen am meisten Geld bringen, und er hielte sein Ergebnis beiden vor, dann würde der seelisch vielschichtige, fruchtbare Austausch zwischen Vater und Sohn unberücksichtigt bleiben, und bald würden Sohn und Buchhalter gegen den Vater stehen, menschlich zu Unrecht, buchmäßig aber gedeckt. Dieses Verhältnis zwischen Sohn und Vater mit dem Buchhalter zwischen sich spiegelt die Rollen der Gesellschaft bei der Arbeit, wie Marx behauptet, daß sie seit eh und je bestanden hätten; er meinte einen ewigen Konflikt der Vergangenheit. Fruchtbar für aller Leben aber wäre, wenn der Junge von der Weisheit des Alten möglichst viel aufnähme und dafür das Opfer von äußeren Kräften brächte.

Der gegenwärtige Zustand von Staat und Wirtschaft bringt den Buchhalter in eine immer stärkere Herrschaftsstellung und verleumdet gleichzeitig das denkende und erfahrene Alter; die Bürokratie wächst fort und fort. Wahr aber spricht die Jugend in diesem Kampf, wenn das Alter unter der materialistischen Meinung, Jugend an sich sei ein Ideal, keinen Beitrag mehr hat oder wenn in der Gesellschaft die führenden Stellen der Wirtschaft an leibliche Erben fallen, deren Unreife sie in die Reihen der Hilfsarbeiter führen müßte.

Das fruchtbare Verhältnis zwischen Vater und Sohn gilt ins Große übertragen sogar für die Geistes- und Seelengeschichte der Menschheit: Die frühen Griechen schenkten uns ein Denken von einzigartiger Reinheit. Wir nehmen es heute wieder auf und setzen es um in eine Kultur, in welcher die Arbeit für jeden Menschen bestimmt ist, in eine Kultur, die nicht die Entwicklung des Gedankens, sondern die des tätigen Wollens zu ihrer Aufgabe hat. Wir sollen uns mit den Griechen nicht verwechseln, wie die Bürger des neunzehnten Jahrhunderts es manchmal taten, aber wir kommen ohne die Früchte der alten Hochkultur der Griechen auch nicht weiter. Der Feind unserer neuen Willenskultur steckt nicht in der »sklavenhaltenden Gesellschaft« der längst versunkenen Antike, steckt nicht im denkenden Vater, sondern in der Übermacht jenes an seiner Stelle freilich auch unentbehrlichen Buchhalters.

Überall und immer wieder müssen wir darüber sinnen, wie wir die Büros so klein und dienend wie möglich halten.

Denken wir mit dem Fluß des heutigen Lebens, dann sehen wir, daß die Menge der Arbeiter durch hohe Löhne am Gewinn beteiligt wird, was Marx nie erwartet hat. Das wird dadurch möglich, daß man die Natur zum Hauptgeschädigten macht. Der heutige technische Kapitalismus greift im Übermaß nach den Rohstoffen der Erde, so daß man schon mit Recht ruft: »Der Planet wird ausgeplündert.« Und zudem wiederholt sich zwischen Nord und Süd, zwischen Industrienationen und den Staaten am Äquator wohl das alte Spiel der ersten industriellen Revolution im Europa des neunzehnten Jahrhunderts, das Spiel des Kapitalismus zur Zeit von Marx: Die Reichen werden reicher und die Armen ärmer. Da bleibt sicher für uns alle noch viel zu durchdenken und viel zu tun.

Das Ideal der klassenlosen Gesellschaft wurde in achtundfünfzigjähriger Herrschaft über ein Drittel der Erde nicht verwirklicht. Die unentbehrlichen Planer machten sich vielmehr durch eine ausgedehnte Bürokratie zu der einzigen geschlossenen Gesellschaft innerhalb der allgemeinen, die zu dienen hat; so wurde die Diktatur einer Gruppe errichtet, keinesfalls die des Proletariats, sofern man darunter alle arbeitenden Menschen versteht; das wäre auch nicht möglich gewesen. Da nun Planen angewandtes Denken ist, Denken aber weh tut und nur vom Einzelnen ausgeführt werden kann – Kant betont dies mit Recht – und darum den Denkenden aus der Masse herausstellt und Angriffen aussetzt, außerdem als etwas Unsichtbares von oben her nicht kontrolliert werden kann, untersagt man im Osten die Äußerung freien Denkens und macht Marxens Buch »Das Kapital« zum Dogma. Dies Buch

wurde zum geistigen Bande der herrschenden, Marx und Lenin nachredenden Führungsgruppe und Bürokratie.
Schaut man auf die heute praktisch in allen Industrienationen entstandene Arbeitsordnung, findet man im großen wie im kleinen, in jedem Betrieb, drei Stände: Wenige Planer geben die Ziele; in westlichen Betrieben sind sie gewöhnlich Kaufleute. Unter ihnen stehen Spezialisten, und jedem Spezialisten folgt eine Schar Angelernter bei mäßigem Arbeitszwang. Auch für den Grad und die Bedingungen der durch den Lohn erzwungenen Arbeit gibt es eine besondere Art von Spezialisten, welche die Erträglichkeit und Gefälligkeit erforschen und vertreten; wir nennen sie Gewerkschaftsfunktionäre. Die Spezialisten schaffen den Wert der technischen, arbeitsteiligen Produktion. Zu ihnen gehören auch Erfinder und solche Wissenschafter, welche die Technik durch ihre Forschung fördern; gerade diese tun es heute am meisten.
Die große Frage ist überall, wer die Leitenden sein sollen. Genügt für ihre Aufgabe der Sachverstand? Die Menschen glauben es, weil sie sonst immer nur Spezialisten als Führende sehen. Die Leitenden selbst verstecken sich entweder hinter der Maske des Sachverstandes, verlieren sich auch in ihr und wursteln dann ohne echte Ziele; sie werden ohne Ziele, denen sie sich selbst hingeben, gewöhnlich auch machttrunken. Vorläufig verstecken sich die meisten politischen Führer und Ausbildungsleiter hinter dem Gehabe von technischen oder kaufmännischen Spezialisten. Die Führer müßten aber frei denken und Ziele setzen. Im Osten nennt man dieses Ziele-Setzen »einen Plan aufstellen«, und man tut es dort mit viel technischem und psychologischem Verstand. Der Verstand reicht für Ziele aber nicht aus; denn Ziele sind keine Zwecke, sondern sie veranlassen eine Hege und Pflege auf die inneren Möglichkeiten der Menschen hin. Positivismus und Marxismus haben

kein Menschenbild und keine Denkmodelle, welche dies enthielten. Darum verödet das Leben im Osten.

Im Westen denkt man meist nicht besser, sondern im Sinne des Verstandes schlechter; man schaltet aber ein gerüttelt Maß individuellen Willens ein, der zunächst zwar chaotisiert, jedoch auch den Einfluß der Vernunft im Sinne des noch darzustellenden vierten Denkmodells erlaubt. Das Leben bleibt bei diesem Verfahren reicher. Aber gelöst ist die Frage nicht, wie Menschen sich so entwickeln können, daß ihre Seelen tätig reicher und nicht nur die Leiber besser bedient werden; auch im Westen ist diese Frage nicht gelöst.

Auf der Bühne der technisch arbeitenden Menschheit finden sich nicht zwei wesensunterschiedene Gruppen, wie Marx sie annahm, sondern drei: Leitende, Spezialisten und Hilfsarbeiter. Den Hilfsarbeitern, der großen Menge, gibt die Arbeit zu wenig seelische Kraft zurück, sie bringt keine Befriedigung aus sich selbst. Diesen Menschen anstelle der fehlenden Befriedigung viel Geld zu geben, führt dazu, daß sie ihre Unlust durch zusätzlichen Genuß der Technik wie durch Fernsehen usw. betäuben, daß sie ihre Seelen immer weiter lähmen. Man wird ihnen helfen müssen, indem man sie nach ihrer Wahl tätig beteiligt an Landschaftspflege, Gärten, Kunst, Kultur, Wissen, Religion, welche die Seele beleben und bereichern.

Die Spezialisten bewirken die Technik und werden sie zunächst zu unserem äußeren Nutzen und bei noch stärkerer Zerstörung der Natur zu unserem schweren Schaden weiter treiben. Sie wissen, was sie können und wollen, und finden in ihrem Können auch Befriedigung. Die große Frage dreht sich nicht um sie, sondern um eine nötige, echte leitende Gruppe. Für diese geht das Sinnen und Trachten um Ganzheiten und Werte, sogar um das Ganze der irdischen Welt, welches durch die Technik be-

reits ernstlich bedroht wird. Dazu genügen kein Sachverstand und keine galileische Wissenschaft, kein Positivismus; dazu muß man sich etwas Würdiges einfallen lassen. Diese moralische Übersicht und Einfallskraft heißt im Deutschen nicht mehr Verstand, sondern Vernunft.
So wenig die chemischen Arzneien einer materialistisch-positivistischen Wissenschaft einen kranken Leib heilen – sie können ihn bestenfalls dabei unterstützen oder Hindernisse wegräumen, ein lebender Leib muß aus sich selbst heilen –, so wenig kann die positivistische Wissenschaft der Spezialisten einen sozialen Organismus gesunden oder ihn überhaupt lebenswert und liebenswürdig entwickeln. Die Bürokratie, die heute in der ganzen Welt, in Firmen und in Staaten, immer mächtiger wird, ist der Ausdruck und die Folge positivistisch-technischen Denkens. Wir brauchen eine beschränkte Technik, unter welcher wir und zugleich noch die Natur leben können, und wir brauchen nur eine beschränkte Verwaltung, unter welcher Einfälle und neue Unternehmungen, die immer nur von einzelnen Menschen in die Welt gebracht werden, atmen können. Wie die Technik heute die Luft so sehr verschmutzt, daß unsere Leiber nicht mehr gesund atmen, ebenso nimmt die Verwaltung in Staat und Wirtschaft so sehr überhand, daß unsere Seelen ersticken. Dagegen hilft nur dieses: Einheiten öffentlich anzuerkennen, die sich selbst ihren Wert geben, die sich selbst lenken, wie der Leib als biologisches Wesen sich selbst erhält, wie der Menschengeist als schöpferische Einheit sich selbst, jedenfalls für irdische Augen sich selbst, immer wieder erzeugt.

*

Für die biologische Einheit erkannten wir mit Aristoteles die einjährige Pflanze als Modell und Urbild; für die individuelle Einheit des schöpferischen Geistes werden wir das vierte und letzte Modell anschauen. Bevor wir dieses mit Hilfe von Plotin (205–270 n. Chr.) tun, erinnern wir uns an Marxens Entdeckung der Arbeit als treibender Geschichtskraft. Indem wir an ihr festhalten, schützen wir uns davor, mit den antiken Helfern in die antike Kultur zurückzufallen.

Lenin erklärte zu einem Grundsatz neuer Gemeinschaft das Paulus-Wort im zweiten Brief an die Thessalonicher (3.10): »Wer nicht arbeitet, soll auch nicht essen.« Dieses Wort möchte ich weiterbilden, um es in der neuen Form mit Strenge anzuwenden: »Wer nicht arbeitet, soll öffentlich nicht denken.« Sowieso verwendet jeder Spezialist auf seiner niederen Ebene den Grundsatz, der diesem Wort in umgekehrter Richtung entspricht: »Ohne Gedanken gibt es keine wirksame Arbeit.« Der vorherige, neu geprägte Satz aber gilt nicht für Spezialisten, sondern für Leitende. Für alle Menschen gilt das Wort: »Die Erdung der Arbeit hält die Seele gesund«; für Leitende aber ist außerdem ein reines Denken und ein freies Urteil nötig; und dazu, für das zutreffende Urteil, wird gerade für sie die immer wiederkehrende Begegnung mit der Praxis fruchtbar. Selbstverständlich darf sie nicht zu einer dauernden physischen Belastung führen. Aber die Praxis muß in das Urteil eingeschmolzen werden. Urteile ohne Praxis sind Fehlurteile.

Das konkret Sinnliche ist unentbehrlich für ein fruchtbares Wirken des Geistes. Die allermeisten Menschen ertrinken freilich in den Erlebnissen durch die Sinne. Früher ertranken die Menschen vielfach im Übermaß ihrer körperlichen Arbeit, heute im Übermaß der passiv erlebten Eindrücke auf Ohr und Auge. Die meisten Menschen erleben heute zu viel und verstehen zu wenig. Der Geist befreit den Menschen von der Sinnenwelt; zunächst tut er es durch die Abstraktion, durch das Erheben der Seele zu reinen Gedanken, zu Urgestalten und letzten Grundbegriffen. Dann tut er es durch konzentrierende Aussonderung des gemeinten sinnlichen Gegenstandes oder Vorganges und die Auslöschung aller übrigen, schließlich durch manchmal weit hergeholte, aber passende Vergleiche, durch unerwartete Zusammenfassungen usw. Der Geist tut dies alles aus sich selbst, nur nach seiner Ordnung; er entnimmt sie nicht der Welt der Sinne. Er ordnet zuerst nach Vielheit, Verneinung und Einheit, wobei er durch den Begriff »Vielheit« in sich selbst der Sinnenwelt einen Platz einräumt, ohne gleichzeitig auf deren tausend Einzelheiten einzugehen. Das eigene Wesen des Geistes zeigt sich unter den abstrakten Begriffen aber nicht in der Vielheit, sondern in Nullheit und Einheit; in ihnen liegt die strengste Abstraktion. Aber so wahr die Herrschaft dieser drei obersten platonischen Prinzipien im Geiste ist, so fruchtbar ist hernach die konzentrierende Begegnung des Geistes mit konkreten Gegenständen, mit Wesen und Personen. Sie allein führt im zweiten Schritt zu den wohltätigen und unentbehrlichen Einfällen.

Ein Theologe, welcher seine heiligen Schriften vollständig im Gedächtnis tragen mag, kann diesem Schatze wohl übergreifende Gesichtspunkte entnehmen, aber seine Rede wird erst dann herzerquickend, wenn er ein einziges Gleichnis des Evangeliums, so gut er es erinnern mag, dennoch wieder einmal aufmerksam liest; dann wirken des Textes unbekannte Imponderabilien auf ihn und weiter auf seine Hörer. – Ein Chemiker mag zunächst durch das System der heute reichlich hundert Elemente, durch die neuerdings der Chemie nahegerückte Kernphysik und durch andere schwierige Abstrakta zur Beherrschung seines Faches gelangen; aber einfallsreich für praktische Aufgaben wird er erst dann, wenn er im Reagenzglas die

Farben, Gerüche usw. unmittelbar wahrnimmt. – Der Chefarzt oder Abteilungsarzt eines Krankenhauses mag heute mit Recht die meiste Zeit statt am Krankenbett am Schreibtisch zubringen und dort das Nötige für die Patienten bedenken und anordnen. Wohltätig für Mitarbeiter und Kranke aber wird sein Wirken erst dann, wenn er die schweren, seltenen und schwierigen Erkrankungen selber sieht. Weil zu große Kliniken die persönliche Begegnung zwischen leitendem Arzt und den Patienten verhindern, darum sind sie trotz technischer Vorteile vom Übel. – In der Wirtschaft strebt man dieser Wahrheit nach, indem die Leitenden großer Unternehmungen versuchen, Verantwortung an untere Stellen abzutreten. Wer im Labor eines Werkes, im Betrieb mit den Maschinen, wer im Verkehr mit den Kunden steht, sollte manches unmittelbar planen und entscheiden dürfen. Die Marktwirtschaft ist der staatlichen Planwirtschaft darum immer wieder überlegen, weil sie die Phantasie und die persönliche Willenskraft sehr vieler Menschen zum Zuge kommen läßt. Das muß jede extrem zentrale Verwaltung um ihres Wesens willen verhindern; sie ist rational, hat ordnenden Verstand, aber sie widerspricht durch dieses ihr Wesen der Vernunft, das heißt dem Einfall, dem vollen Einsatz und dem überschauenden Urteil, was den Menschen auf die Dauer zum Heile diene.

Was diese Regel für Leitende im Staat, um auch sie nicht zu vergessen, was diese Ordnung der Entwicklung, zuerst abstrakt denken zu lernen und hernach Menschen und Sachen immer wieder unmittelbar zu begegnen und diese Begegnungen im Handeln entscheiden zu lassen, was die Regel für Politiker bedeuten würde, wage ich gar nicht auszumalen. Selbstverständlich ist sie bei ihnen nicht ganz unbekannt; aber ihre gründliche Beachtung würde mehr Geeignete an die richtigen Stellen bringen und mehr lei-

tende Stelleninhaber heilvoll wirken lassen. – Der immer wieder zu erarbeitende Sachbezug, den man Praxis und Erfahrung nennt, würde sogar viele unserer allzu jungen Systemverbesserer heilen. Sonst allerdings laufen wir Gefahr, daß ihre Denkversuche in der Verwirklichung Unglück auf Unglück über Millionen ahnungsarmer Menschen bringen. Denn wenn wir heute nicht acht geben, wird uns in Kürze eine Gruppe total verwalten, von welcher der Soziologe Schelsky redet in seinem Buch von 1975 unter der Überschrift »Die Arbeit tun die Andern«.
Die Entwicklung eines ernstlich mitbestimmenden Menschen braucht die Ausbildung des abstrakten, gesunden und klaren Denkens, wie Platon es lehrte. Der Positivismus verneint die Bedeutung des Denkens und verlor darum auch das Urteil über die Weisen des Denkens, und leider verlor dies Urteil auch die gläubige gelehrte Öffentlichkeit. Zeitlich fordern die Gesetze des menschlichen Lebensganges die Denkausbildung vorzüglich in den zwanziger Lebensjahren und den vollen und vorwiegenden Sachbezug in den Dreißigern; erst hernach wird man reif für ein heilvolles politisches Handeln, was ich in dem Büchlein »Der Lebenslauf und seine Gesetze« im Jahre 1974 genauer dargelegt habe. Das Denken gewährt Übersicht und Freiheit von der Tyrannei der Sinnenwelt. Ein denkender Betrachter braucht zur Arbeit auch nur einen Bruchteil der Zeit, die ein bloßer Praktiker benötigt. Die Schulung des reinen Denkens im Kreise Gleichaltriger ist für junge Menschen das Beste, was ihnen widerfahren kann. Öffentliches Wirken aber verlangt mehr als Denken; es verlangt dazu einen geübten, kräftigen Bezug zur bearbeiteten Sache: »Wer nicht arbeitet – und dies auch immer wieder einmal mit der Hand –, soll öffentlich nicht denken.«

*

Wir sind nun frei, das vierte Modell abendländischen Denkens darzustellen, und wir sind abgesichert dagegen, es in antiker oder in mittelalterlich-mystischer Weise ohne äußere Praxis zu denken. Das vierte Modell bildet das schöpferische Denken ab und auf etwas andere Weise auch das Schaffen des Künstlers; die Kunst aber lassen wir wieder beiseite. Plotin beschrieb das Bild in seiner Lehre von Gott. Augustinus (354–430) und noch klarer Fichte (1762–1814) übertrugen es auf das Ich des schöpferisch denkenden und handelnden Menschen; sie betonten dabei den Willen.

Wir ergänzen das im Sinne Benedikts (480–550) mit seinem Leitspruch »Bete und arbeite«. Er bezog als erster die Arbeit, möglichst die Feldarbeit, in die Bildung ein; wir wenden darüber hinaus den arbeitenden Willen auf das Denken zurück und sagen: »Wer nicht arbeitet, soll öffentlich auch nicht denken.« – Ich habe nun sicher zu viele Namen genannt, um diese Linie in der seelischen Entwicklung des Abendlandes nachzuzeichnen. Es kommt bei den vielen Namen vorzüglich auf die Erinnerung an, daß hier kein neues System der Philosophie skizziert wird, sondern vorhandene Grundlinien in unserem Kulturstrom deutlich gemacht werden. Ausführlich finden Sie dies in dem Buche »Das Ich und die Gesellschaft«.

Plotin empfahl dem Denker, sich seines Umganges mit Ideen immer genauer bewußt zu werden, die Gewände bis zu den Grundmauern zu durchforschen, den Urformen sich zu nahen mit der Frage, woher sie kämen, und so in seinem Denken wie ein Fisch im Bach bis zu dessen »Quelle« zurückzuschwimmen. Diese Denkbewegung führe zu Gott; sie sei wie eine »Flucht in die Heimat«. Aus Gott erflössen alle gestaltenden Kräfte, die das Denken erfassen könne, wie das Licht aus der Sonne. Der Strom der als Ideen noch unsichtbaren Formen ergieße sich bis in die Sinnenwelt, nicht nur ohne unser Mittun durch Gott in die Natur, sondern auch durch denkende und handelnde Menschen in die Güter und Verhaltensweisen der Kultur.

Da die unsichtbaren Gestaltungskräfte als Möglichkeit in der Natur realiter als Samen vorliegen und entsprechend deren Wirklichkeit sich in den entfalteten Pflanzen zeigen, so macht Plotin neben der Quelle auch den »Samen« zum Bilde des schöpferischen Geistes. Diesen geistigen Samen muß man sich so unerschöpflich wie eine Quelle vorstellen. In Gott und abbildlich auch im erkennend-schöpferischen Menschen liegt ein Same, aus welchem nicht nur die Formen der Kristalle, die von Pflanze und Tier, auch das System der Sterne, sondern ebenso alle Gestalten der Kultur hervorwachsen; solche durch den Menschen geschaffene Gestalten, die es weder in der Natur noch in früheren Kulturen gab.

Wir müssen nun zuerst eine große Zahl von Grundbegriffen klären. Stellen Sie diese, bitte, als eine Pyramide vor. An die Spitze stellt Plotin »Das Eine«, vielmehr findet er dort das Eine als die Gottheit vor. Aus Gott strömt der Geist mit seiner Gliederung, für die wir in der ersten Schicht unter dem Einen die drei platonischen Prinzipien nennen: 1. Die Einheit, 2. die Unbestimmte Zwei oder die Vielheit, welche der Mensch nicht erdenken kann, sondern zählen und messen muß, und 3. Die Verneinung, die wir auch Nullheit nennen können. In der nächsten Schicht der Pyramide unter den drei Prinzipien folgen die reinen Begriffe oder Kategorien; unterhalb von diesen müssen Sie die Fülle der Gestalten vorstellen, die im Griechischen Ideen heißen, es sind die Formen aller Wesen und Dinge. Diese Formen oder Ideen dachte Aristoteles als die Hauptursache für die Wesen, welche Stoff haben. Zu diesen natürlichen Wesen führen nach ihm auch noch andere Ursachen, welche wir schon besprachen; wichtig aber ist, daß die natürlichen Wesen auch eine Möglichkeit und eine Wirklichkeit haben.

Plotin übernahm alle diese Begriffe, aber er erweiterte sie. Während Aristoteles z. B. die Möglichkeit immer stoffgebunden dachte, also in den natürlichen Samen suchte, dachte Plotin außerdem die Möglichkeit in Gott. Die Formkräfte der natürlichen Samen nannte Plotin »lógoi«. Die Möglichkeit in Gott oder dem »Einen« kann entweder in sich selbst ruhend bleiben, oder sie kann sich verwirklichen, indem sie die gegliederte Ideenwelt aus sich entläßt. Die Ideenwelt ist also eine geistige Wirklichkeit. Diese wiederum spiegelt sich ab nach unten hin in der stofflichen Wirklichkeit der Natur.

So wie Plotin die Möglichkeit statt nur im Stoffe erst recht in Gott fand, so ging es nach ihm auch mit der Negation. Nur um der Kürze willen zählten wir die Nullheit unter die drei obersten Prinzipien; geschichtlich rang die Spätantike lange mit ihr. Erst Proklos (411–485) fand sie statt wie die früheren Platoniker nur im Stoffe nun vorzüglich in Gott. Von ihm übernahmen auch die Christen diese Einsicht und bildeten daraus eine höchst geistige »negative Theologie«, durch welche sie sich der Denkweise der Buddhisten näherten. Für uns genügt die Abkürzung, die Nullheit in der plotinischen Pyramide vorzustellen.

Weil der Mensch die geistig-realen Formkräfte der Ideen in seiner Seele so denken kann, daß sie nicht unmittelbar wirken, hat er wie die Natur die Möglichkeit, gedachte Formen arbeitend im Stoffe zu verwirklichen. Diese zweite untere stoffliche Wirklichkeit nennen wir Kultur. Den Stoff selbst erlebt der Mensch in den Sinneswahrnehmungen. Der Stoff hat seine höchste Vertretung im Geiste aber schon bei den drei Prinzipien als die Unbestimmte Zwei. – Lassen Sie, verehrte Zuhörer, sich durch die Fülle der plotinischen Begriffe nicht verwirren, sondern stellen Sie einfach eine Pyramide vor, bei der das Eine an der Spitze steht, darunter folgen drei Prinzipien, darunter zehn Kategorien, darunter die Fülle der Ideen oder Formen und darunter die Kultur und die Natur. Diese Ebenen wollen wir nun des Näheren betrachten.

Die drei platonischen Prinzipien: Einheit, Vielheit, Nullheit – Platon nannte sie archaí – sind unseres Bedenkens wert. Das über ihnen stehende »Eine« sichert der »Einheit« den Vorrang, es stellt sich selbst in ihr dar. Die Vielheit oder die »Unbestimmte Zwei« vertritt alles das, was – etwa durch hälftige Teilung – in reiner Mathematik nicht errechnet werden kann, sondern was nachträglich gemessen werden muß. Nachträglich muß alles Stoffliche gemessen werden. Die Unbestimmte Zwei vertritt darum auf der geistigen Ebene der Prinzipien den Stoff.

Die »Einheit« umschließt alle Prinzipien und Ideen; sie ist der geistige Organismus. Die ideelle Einheit ist die erste Verwirklichung Gottes. Plotin spricht von ihr auch nur in der göttlichen Sphäre. Nach ihm aber bedachte Augustinus, daß jeder denkende Mensch an dieser geistigen Einheit Anteil hat, was nichts anderes sagt, als daß er denken kann. Nur der Einzelne kann denken; es ist ein Ich, das denkt. Selbst wenn dieses Ich zweifelt, bleibt ihm sicher: daß es selbst zweifelt. Sowohl das positive Ideen-Denken wie das Zweifeln versichern uns des eigenen Ichs. Im Ich wirken zusammen die Prinzipien Einheit und Negation ohne die Unbestimmte Zwei. In Gott wirken die drei Prinzipien zugleich, auch die Unbestimmte Zwei, d. h. er bringt auch die stoffliche Natur hervor, während der Mensch zwar einen Einfluß auf die Formen hat, aber nicht auf das Dasein des Stoffes.

Darum kann Augustinus beinahe überall dort, wo Plotin von Gott spricht, auch vom Ich des Menschen sprechen. Am Denken und Zweifeln erfaßt das Ich sich mit Sicherheit. Vorher aber empfindet der Mensch sich seelisch, indem er sich an den Dingen der Welt stößt. Geistig stößt er sich an den stofflichen Dingen anders, nämlich so, daß er sie als Rätsel empfindet und diese Rätsel erkennend löst.

Wir dürfen also sagen: Das Ich ist seinem Wesen nach Einheit und Nullheit, vorzüglich Einheit. Sein Selbstbewußtsein findet es an der Unbestimmten Zwei. Seine Freiheit gewinnt es durch die Negation; das Ich ist frei, weil es die wirkliche Welt in die Nullheit stoßen kann. Im reinen Denken darf es diesen Stoß vollziehen, physisch unter den Dingen darf es diesen Stoß nicht vollziehen, sonst zerstört es. Auch geistig darf die Negation nur ein Durchgang sein, um die Einheit eines Wesens nachher um so klarer und richtiger zu fassen. Auch geistig darf die Nullheit nicht das Ziel sein, sonst wird das Ich zum Zerstörer und wahrscheinlich zuletzt selbst zerstört.

Plotin hatte den Begriff des Ich noch nicht gebildet und begriff die Tätigkeiten, welche wir dem Ich zusprechen, seelisch. Die folgenden Sätze sagt Plotin von der Seele, soweit sie nicht Weltseele, sondern menschlich ist. Wir aber sagen sie genauer nur vom Ich: Indem das erkennende Ich sich den »Sinneswahrnehmungen« als der untersten Ebene der vorgestellten Pyramide hingibt, faßt es deren diffuse Fülle unwillkürlich zu Einheiten zusammen; so viel in seiner Kraft liegt, so viel versucht es im Reich der Sinneswahrnehmungen nicht eine gewaltige wechselnde Flut, sondern möglichst bald Wesen und Dinge zu erkennen. So sucht unser Blick, wenn er über das Meer schweift, einen fliegenden Fisch, einen Delphin, ein Boot.

Der einfache Mensch oder das Kind vermögen leicht die Dinge wahrzunehmen; es bedarf aber einer geistigen Schulung, ebenso deutlich auch Strömungen, Vorgänge und Entwicklungen aufzufassen und sie geistig zu durchdringen. Gestalten zu beschreiben ist sehr viel leichter, als dem Gestaltwandel in der Natur nachzugehen, und dies nicht so, wie im Kino viele feste Bilder einander folgen, welche nur die Illusion einer Bewegung bringen, sondern die Vorstellung selbst plastisch zu bewegen. Mit solchen Übungen gehen wir vom Raum in die Zeit. Raum und Zeit gehören zu den zehn Kategorien, von welchen die Griechen wesentlich den Raum verstanden haben und die von den übrigen, welche mit dem Raum zusammenhängen. Wir aber haben die Aufgabe, die Kategorien zu bewältigen, die zur Zeit gehören. Wir befriedigen uns nicht an Wissen und Besitz, sondern am Denkvollzug und an der Arbeit.

Aristoteles zählte zehn Kategorien auf, die am kürzesten durch Frageworte getroffen werden: Was, Wieviel, Wie, Wann, Wo, Wozwischen, Worauf; die letzten drei können nur durch Verben bezeichnet werden: Sichbefinden oder Haben, Tun und Leiden. Aristoteles erklärte das Was zur ersten und wichtigsten Kategorie. Er meinte, alle übrigen seien dem Was als einem Wesen oder Ding zugeordnet. Abgesehen davon, daß er in diesem Was zugleich Form und Stoff suchte und daß dieser Stoff, soweit er Sinneswahrnehmung ist, nicht gedacht werden kann, abgesehen davon, daß das Was als leibliches Wesen keine reine Denkform und damit auch keine Kategorie ist, wird das Was von Aristoteles außerdem als Ding mit fester Form oder als lebendes Wesen mit einer unveränderlichen Zielform gedacht. Unter den drei letzten Kategorien gehört das Ding zum Haben, zum Sichbefinden. Dementsprechend beruhte die antike Kultur auf einer Gesellschaft von Besitzern. Man »hatte« und man »wußte«, aber man arbeitete nicht; es fehlte die Bejahung von Tun und Leiden. Diese gab es damals nur in den Mysterien; Sie sehen dies etwa an Herakles' zwölf Arbeiten oder Leidensstufen.

Die heutige Kultur neigt dazu und sollte anstreben, Schritt vor Schritt das Haben des Besitzes zu überwinden, ohne das Ich aufzugeben. Die Fehlentwicklungen unserer Zeit opfern der Arbeit das Ich auf. Wir betrachten das Haben als einen Durchgangspunkt, an dem das Ich sich, zunächst noch seelisch, erstmalig begreift, um dann mit Eigenkraft sich dem Tun und Leiden hinzugeben. Die angelsächsisch-amerikanische Kultur strebt energisch zum Tun, versäumt aber das Leiden. Die östlichen Völker sperren sich nicht gegen das Leiden, aber versäumen zunächst das freiwillige Tun, das Tun aus Einfall und Einsatz des Einzelnen. Darum haben weder die Angelsachsen noch die Slawen eine volle Beziehung zum Ich. Das Ich sowohl im Tun wie im Leiden auszubilden, ist Aufgabe der europäischen Mitte.

Den Menschen des Habens nennen wir Person; zur Römerzeit schien die Persönlichkeit das höchste Glück der Erdenkinder zu sein. So ist es aber nicht in der neuen Zeit. Einen Übergang bildet der amerikanische Mann des Erwerbs. Das noch zu erstrebende Ziel der heutigen Kultur ist das tätige und leidensbereite Ich.

Die Person ist Wesen im Sinne von Aristoteles, Wesen mit Form und Stoff. Die Person lebt ganz im Raum, wenig in der Zeit. Das Ich aber läßt den Stoff hinter sich; es bindet sich auch nicht mehr an eine einmalige geprägte Form, die wir als festen Charakter im übrigen auch zu schätzen wissen; Formlosigkeit und Flatterwesen sind kein Zeichen von Ich-Kraft. Das Ich erfaßt sich selbst in der Einheit, befreit sich in der Negation und erneuert sich aus der geistigen Möglichkeit, die in Gott liegt. Nur durch diese Möglichkeit erweist das Ich sich als schöpferisch. Das geschieht ganz in der Zeit, wenig im Raum. Einheit, Negation, Möglichkeit, Tun und Leiden werden von dem schöpferischen Ich in der Zeit zusammengefaßt.

Person und Ich zu scheiden, klärt das Handeln und macht es fruchtbar. Als Beispiel wählen wir die medizinische Praxis: Krankenhäuser wurden früher von Schwesternschaften geführt; sie zogen Ärzte zur Beratung zu. Heute herrscht im Krankenhaus eine Hierarchie mit Ärzten an der Spitze, eine Ordnung, in der die Schwestern entweder zu Handlangern oder zu Viertelsärzten werden. Dabei sinkt die Pflege; für Patient und Schwester wird der Aufenthalt im Hause oft zur Pein. Daß die Jugend zur Krankenpflege unwillig wird und in zu großer Zahl den Beruf des Arztes anstrebt, kann man unter diesen Verhältnissen verstehen, obgleich es uns allen schadet.

Die Ursache des Übels liegt im vergessenen Unterschied zwischen Person und Ich. Die natürliche Person bedarf der Pflege, bedarf des Schlafes, auch des Verständnisses für ihr Leben. Sie »befindet sich«, fühlt sich krank oder gesund. Dem Befinden dienen Schwester oder Pfleger. Weil ein kranker Leib unter Schutz und Pflege sich im einfachen Falle selbst gesundet, ist es nur ratsam, aber nicht immer nötig, den Arzt zuzuziehen. – So verhält sich die natürliche Person.

Ganz anders steht es mit dem geistigen Ich; es bedarf beim kranken Menschen der Anregung, daß es wieder schöpferisch tätig werde. Der Arzt und dessen helfende Therapeuten legen in der Person des Patienten für das tätige Ich die Ansatzpunkte frei, damit dieser Mensch weiter etwas Tüchtiges aus seinem Leben heraushole. Das bloße gute Befinden des Patienten ist dem Arzt zwar dringend erwünscht, aber es ist nicht das Ziel seines Handelns. Er berücksichtigt vielmehr die mögliche Weiterentwicklung und vielleicht erreichbare zukünftige Leistung des Patienten, wozu auch unsichtbare seelische Früchte bewältigter Leiden gehören. Für den Arzt fragt sich, welche Aussichten der Patient hat und wie diese zu verbessern seien. Um der Aussicht willen darf der Arzt durch eine Operation, durch eine schwer verträgliche Arznei usw. das augenblickliche Befinden erheblich verschlechtern. Unter Umständen wird die Person dem Ich sogar teilweise geopfert. Das Ich muß sich die Person sowieso immer wieder untertänig machen.

Das Ich äußert sich im Handeln, aber auch im Ertragen und inneren Verarbeiten von Leiden. Eine Handlung wird um so richtiger und besser für die Welt, je größer die mit ihr verbundene Leidensbereitschaft ist. Und ein Leiden wird um so erträglicher und fruchtbarer für diesen Menschen, je mehr geheime Arbeit mit ihm verbunden wird. Das gilt für Schmerzen, körperliche Gebrechen, für seelisches Leid und für äußere Gefahr und Unglück. Wir kommen später auf die Möglichkeiten im Ich und auf die Verwirklichungen in der Person zurück.

Die vier dargestellten Denkmodelle entsprechen den drei Reichen der Natur: den Elementen, Pflanzen und Tieren und als viertem dem Menschen mit seinem Ich. Die Naturreiche sind nicht nur draußen, sondern auch in den Menschen eingebaut. Die menschlichen Lebensfunktionen sind z. T. von den Zeiten so abhängig wie die der Pflanzen. Viele Abläufe des Leibes und der Seele sind denen der Tiere sehr ähnlich. Die drei Naturreiche stecken aber nur in der Person, nicht im Ich.

Weil die Naturreiche mit dem Ich in der einen menschlichen Person zusammenspielen, darum kann der Arzt mit jedem dieser vier wissenschaftlichen Grundbilder und mit den aus ihnen abgeleiteten Mitteln erfolgreich sein. Geht er vom mechanisch-chemischen Weltbild aus, vom Billard, so kann er mindestens in der Chirurgie etwas Gutes leisten. Wer wollte seinem Helfen eine zu nahe Grenze stecken, auch wenn der Eingriff sich eines chemischen Mittels bedient? Anderes aber wird sich ein solcher Arzt leisten, der, vitalistisch gesonnen, sich nach dem aristotelischen Pflanzenmodell richtet, und wieder anderes etwa ein Tiefenpsychologe mit seinem mythischen Bühnenmodell. Der Erfolg oder Teilerfolg hängt jeweils von der erkrankten Schicht im Menschen ab. Die Denkmodelle wirken auch überlappend auf die nicht unmittelbar zugehörigen Schichten. Wenn aber ein Arzt in seinem wissenschaftlichen Denken das Ich nicht erfassen kann, wenn er das Wirken des Ich ganz übersieht – Menschen sehen meist ja nur das, wofür sie Begriffe besitzen –, dann verhilft ein solcher Arzt dem Patienten nicht dazu, Möglichkeiten zu schöpferischer Arbeit wiederzufinden, sondern er macht ihn höchstens wieder »arbeitsfähig«, er verhilft ihm zur weiteren mechanischen Normerfüllung, die es selbstverständlich auch geben muß. In diesem Falle wird nur an eine festgelegte Rolle bei der Arbeit gedacht, als ob der tätige Mensch im arbeitsteiligen Werk nur die Bedeutung eines Maschinenteiles hätte. Solche ärztliche Behandlung ist freilich ein elender Behelf.

*

Jeweils zwei der vier Denkmodelle haben merkwürdigerweise den Hang, sich enger zu verbinden. Unsere industrielle Zeit neigt dazu, allein das Billard und die Bühne als Modelle zu benutzen. Der reine Positivismus hält nur das Billardmodell für zuverlässig. Der Marxismus glaubt an die Ehe von Billard und Bühne. Wir vertreten die Meinung, daß die beiden anderen, das Bild der über ein

Jahr hin sich entfaltenden und verschwindenden Pflanze, und das, welches Quell und Same in sich faßt, besonders förderlich für den Menschen seien.
Habermas wies darauf hin, daß Galilei, der die »Neue Wissenschaft« mit dem Urbild »Billard« schuf, und daß noch mehr seine Nachfolger ein reines Wissen gar nicht suchten, sondern die praktisch-technische Verwendbarkeit. Habermas hält etwas anderes auch für unsinnig und sagt dies bereits in dem Titel seines Buches von 1968: »Erkenntnis und Interesse«. Er meint, immer und bei allen Menschen müßten Wissen, Denken, Trieb und Absicht sich miteinander mischen; reines Denken und erst recht ein reines Wollen seien unmöglich.
Die Griechen hingegen dachten mit dieser gemischten Weise nur in ihrer Kriegstechnik. Die antike Philosophie pflegte ein reines Denken und suchte reines Wissen, sie mischte keine Interessen, keine Absichten unter sie. Wollte man dieser längst verklungenen Welt etwas vorwerfen, was nicht sinnvoll ist, dann könnte es nur dieses sein, daß die griechischen Denker den damaligen Arbeitern auf den Äckern, ihren Sklaven, nicht mit technischen Erfindungen zu Hilfe kamen. Sie hätten diesen Dienst aber nur tun können, wenn sie zweckgebunden, unrein, mit Trieb und Absicht gedacht hätten. Das aber vermieden sie. Damals blieben Arbeit und Denken getrennt, so daß reines, kategoriales Denken entwickelt werden konnte. Es gab Fortschritte nur im Denken, in der Muße. Muße heißt griechisch scholé, welches Wort zu unserer Schule wurde. Aus Muße ohne Absicht erwuchs das Denken in Aristoteles und in Plotin unter den Leitbildern der einjährigen Pflanze und des unerschöpflichen Samens. Die Pflanze wird von Natur, den Samen aber dachte Plotin auch in Gott; beide sind ohne Zutun des Menschen und darum rein. Beide Modelle dienen dem reinen Denken. Die an-

wendungsfreie Mathematik gehört ebenfalls zum reinen Denken. Auch sie ist nicht unsere, sondern der Griechen Erfindung.

Wir können die Gedankenkunst der Alten empfangen und auf unseren Willen übertragen, sie für das Handeln erwecken. Dann wird auch der Wille rein; er wird rein von Trieb und Interesse. Dann folgt nicht das Denken dem kreatürlichen Bedürfen oder dem Wünschen einer Gruppe, sondern der Wille oder das Handeln folgt dem kategorialen Denken des Ich. Ich und Person bemerken und beachten dann auch, wann bei uns das Interesse-Denken der Selbstversorgung wieder anhebt und oft auch anheben muß. Aber der reine Wille verfolgt kein Ziel des Einzelnen oder einer Gruppe für sich, sondern das ideale Ziel der Sache, an der er gerade in Arbeit steht, letztlich das Ziel der Menschheit und sogar der Erde und der Welt, soweit der Menschengeist reicht. Der sachergebene Wille ist rein von Trieb; denn kein Tier kann »bei der Sache bleiben«, ausdauernd das betrachten, was es nie erhält. Haben und Erwerben bleiben für den reinen Willen ausgeschaltet, nur noch Tun und Leiden sind im Spiel. Wir haben oben dasselbe als den Unterschied von Person und Ich geschildert.

*

Aristoteles hatte an der Pflanze die Pole ihres Zeitwesens in Same und Blüte durch die Begriffe Möglichkeit und Wirklichkeit festgehalten und so auf andere Weltverhältnisse übertragbar gemacht. Goethe steigerte das Anschauen dieser Pole zu der Fähigkeit, auch alle Zwischenstadien fließend auseinander zu entwickeln. Goethes Blick für den fließenden Gestaltwandel, für die Metamorphose, zeigte dann aktiv auch solche Formen, welche die Natur ihm nicht vorzeichnete, die sie aber hätte verkörpern können.

Die Fähigkeit, lebende Möglichkeiten wie vor Augen zu haben, führt noch weiter, wenn die Übung auf die eigene Seele gerichtet wird. Dann entfaltet Plotins unerschöpflicher Same sich im Menschen, dann bilden sich und wachsen neue Seelenkräfte und steigern ihre Form so, wie Rudolf Steiner es in seinem Buche von 1904 beschrieb: »Wie erlangt man Erkenntnisse der höheren Welten?« Empfahl Plotin dem Denker, über die Ideen und Prinzipien in Gott oder das Eine zurückzukehren, um sich dort der Möglichkeit zu nahen, so kann dies über das Denken hinaus nun auch im Wollen geschehen. Auch die Verwirklichung neuer Formen kann im eigenen Wesen geschehen.

Solche inneren Übungen gab es früher in griechischen Mysterien, z. B. denen von Eleusis. Die dortigen Weihen galten im Altertum als die edelsten. Sie wurden streng geheimgehalten, so daß wir direkt wenig aus ihnen wissen. Indirekt aber wissen wir viel, vorzüglich durch den Aufbau des Romans »Metamorphosen« von Apuleius, der in einer Verteidigungsrede gegen die Anklage auf Zauberei von sich bezeugte, in mehrere Mysterien eingeweiht zu sein. Der Afrikaner schrieb den Roman etwa im Jahre 170 n. Chr.

Die Eleusinien bewegten sich auf zwei Bildebenen; einmal ließen sie die Mysten Gerste und Weizen in deren Jahresverwandlungen anschauen und zum andern den Tod und die Geburt des Menschen. Den Höhepunkt bildete eine Schau, zu welcher laut dem Zeugnis des Kirchenvaters Hippolyth der Oberpriester oder Hierophant laut rief: »Die Jungfrau (Persephone) hat (im Feuer) einen Knaben geboren.« Das tiefste Geheimnis der Mysterien von Eleusis war also eine geistige Geburt. Im ganzen bedienten die Eleusinien sich desselben Doppelsymbols, wie wir es nach Aristoteles und Plotin als die beiden reinen Modelle entfalteten, sie bedienten sich des vorgewiesenen kultischen Zeichens einer goldenen Ähre und zugleich im Rufe von der jungfräulichen Geburt eines Bildes, das dem plotinischen Quell in Gott wesensverwandt ist. – Was wir weiter anzuschauen haben, fällt allein unter das vierte Denkmodell, unter Quell und unerschöpflichen Samen als Möglichkeit in Gott und keimweise auch im Menschen.

Die Philologen haben gegen den Titel von Apuleius' Roman »Metamorphosen« oder »Verwandlungen« eingewandt, man finde nur eine Verwandlung in dem Buche, notfalls zwei; da wird der Held Lucius für ein Jahr schwerer Geschicke zu einem Esel. Die Herren haben nicht verstanden, daß Apuleius in vielen Szenen und Erzählungen eine bestimmte Übung lehrt. Er erzählt zum Beispiel: An ein und demselben Tage starben gewaltsam ein Weinbauer und seine drei Söhne, in diesem Falle in der Reihenfolge vom etwa sechzehnjährigen Jüngsten bis hinauf zum greisen Vater. In der folgenden Geschichte findet eine junge Frau, daß ihr reicher, reifer Mann für sie zu alt sei. Sie verliebt sich in ihren kaum erwachsenen Stiefsohn. Als dieser ihr Drängen während einer Reise des Vaters abweist, fühlt sie nun Haß statt der Neigung gegen den Jüngling. Sie gibt Gift in seinen Becher mit der Nebenhoffnung, daß ihr eigener zwölfjähriger Junge der einzige Erbe des reichen Vaters werde und daß sie selbst vielleicht den Jungen wieder beerben könne. Aber die Brüder verwechseln ihre Becher. Als der Zwölfjährige schon drei Tage im Sarkophage gelegen hatte, sagte der Arzt, von dem das Gift war, vor Gericht, er habe der Frau kein Gift, sondern nur einen schweren Schlaftrunk ausgehändigt. Man eilte zum Grabe und erweckte den Knaben vom Scheintod.

An anderer Stelle des Romans taucht neben einem Siebzehnjährigen ein zweiter auf, der noch schöner ist als der erste. Hinter den Geschichten stehen als Urbilder alte Mythen und Sagen, hier zum Beispiel die von Tantalos, der sein Söhnlein Pelops den Göttern zu essen gab, als sie bei ihm zu Gaste waren, um zu prüfen, ob sie allwissend seien. Die Götter hatten die Tat bemerkt und schonten die Knochen des Knaben, nur die trauernde Demeter aß arglos von einem Schulterblatte. Dieses ersetzten die Götter durch ein silbernes und schufen den Knaben wieder aus dem Skelett. Ähnlich stellt der erwähnte zweite und schönere Jüngling die wiedererweckte Form des ersten dar. Wer solche Verwandlungsvorstellungen übt, der erlangt ein höheres, göttliches Erkenntnisvermögen, er wird den allwissenden Göttern ein wenig ähnlich.

Solchen Greuelmythen, die einen Teil der Eleusinien spiegeln, liegt also eine einfache, aber schwere Übung zugrunde. Bevor ich diese mit Namen nenne, verweise ich zum heutigen Verständnis auf das Anfangskapitel in Thornton Wilders letztem Roman von 1973; er überschreibt es: »Die neun Ambitionen«. Wilder ist im Dezember 1975 gestorben. Das Kapitel »Ambitionen« stammt inhaltlich aus seinem eigenen Leben, ist ein Stück seiner Biographie. Für den ganzen Roman wählte er zum Titel den Namen, den er für sich selbst zuletzt wohl wünschte: »Theophilus North«, das heißt »Gottesfreund Nord«.

Dieser Theophilus hatte neun längst versunkene Jugendträume: Mit zwölf Jahren der Sohn eines amerikanischen Missionars und Zögling einer deutschen Schule in China, wünschte er, ein Heiliger zu werden. Mit sechzehn Jahren verweltlichte er das Ideal eines heiligen Missionars zum Erforschen der Sprachen, Bräuche und Seelen fremder Völker; dann lenkte er den Wunsch noch niedriger zum Ausgräber alter Städte. Mit neunzehn, nun bereits Student, sah er sich als Detektiv, dann als Schauspieler, später als Heiler mittels der inzwischen bemerkten magnetischen Kraft seiner Hände, hernach als Liebhaber mit besonderem Respekt vor Damen, als Schurke, wobei er aber nicht an böse Taten dachte, sondern an ein Verhalten, welches an kein Gesetzbuch und an keinen Kodex der Moral gebunden ist; und neuntens sah er sich als einen einfachen, aber freien Menschen, eben nur als Menschen, niemandem untertan. Mit dreißig Jahren – so lernen wir ihn in dem Roman kennen – war er Hauslehrer und Vorleser in dem kleinen, ehemals reichen Orte Newport in Neuengland. In dieser Stellung in guten Häusern löste er unauffällig die persönlichen Schwierigkeiten der Bewohner, Schwierigkeiten, die ihre Träger leicht zum Tode hätten führen können. Seine Jugendwünsche waren in ihrer alten Form für den tätigen Mann zwar verklungen, aber sie wirkten dennoch mit voller Kraft weiter.

In Apuleius' Roman bezeichnen die Reihen zueinander gehöriger Gestalten wie der Winzer und seine Söhne die Werdestufen eines Menschen. In Eleusis wurden diese Stufen durch Götter vertreten. Dionysos erschien dort in jedem Alter. Die eigentlich olympischen Götter aber vertraten die Kräfte der besonderen Stufen. Mädchen wurden nach griechischem Glauben über die Schwelle des dritten Jahrsiebts, welches als ganzes bei beiden Geschlechtern der Göttin Aphrodite unterstand, von Artemis über die Schwelle geleitet oder in Athen von deren Dienerin Oreithyia, »die über das Gebirge stürmt«; so heißt ihr Name. Diesen Dienst taten praktisch Mänaden, Dionysos' Begleiterinnen, denen der Gott gemäß ihrem jeweiligen Alter auf immer heiligeren Stufen begegnete, bis sie ihn als ein Kind in einer Höhle fanden. Auf dem Parnass hoch über dem Apollontempel zu Delphi findet sich die berühmteste dieser Höhlen. Dann bemerkten die Jungfrauen auch, daß die bis dahin führende Artemis sich nun in die dreigesichtige Hekate, welche im Finstern herrscht, verwandelt hatte. Nun waren die Jungfrauen reif, bei den »Müttern« in Eleusis eingeweiht zu werden.

Die Knaben wurden von Hermes über die Schwelle ihrer Jugend in neue Seelenräume geführt. Apollon richtete hernach die Siebzehnjährigen auf, leiblich von den langen, aufrechten, geraden Hälsen und Nacken her, und schenkte ihnen damit die schöne, sichere Haltung. Dionysos ließ die Neunzehnjährigen je nach Kraft der genannten Vorgeschenke den ewigen Kern der Menschenseele ahnen, Quell und Samen einer immer möglichen Erneuerung aus dem Geiste. Diese Gaben empfingen die Jünglinge nicht nur auf den natürlichen Stufen ihres Lebens, sondern auch und dann in kultischer Reinheit während der Weihen zu Eleusis.

Von den Gestaltreihen bei Apuleius steigen einige vom Knaben bis zum Greise auf, andere laufen rückwärts bis zum Kleinkind. Beide müssen erübt werden; dabei scheint die rückläufige Reihe die weitaus wichtigere zu sein. Sie führt so zur Geburt, als ob diese eine zweite Art von Tod wäre, und zwar eine solche mit einer Wiederkehr im Besseren.

Würde man diesen Rücklauf in biblischer Sprache schildern, dann wäre es wie eine Flucht des gewordenen Menschen zurück ins Paradies. Plotin nannte es »die Flucht in die Heimat«; und der himmlische Garten hieß bei den Griechen »Elysion«. Um nun wieder biblisch zu reden: Dieser Weg führte die Fliehenden so tief in die Vorzeit, daß sie etwas von dem noch sündelosen, ungefallenen Adam empfingen. Darum kamen die Mysten mit einer schöneren und besseren Seele wieder und trugen außerdem die Hoffnung in sich, nach dem natürlichen Tode das Elysion wiederzufinden.

Bei der Rückkehr aus den Weihen trug der Myste aus allen von ihm bereits durchlaufenen Altersstufen nicht nur den Schatten in sich, der deren Fehler festhält – diesen Schatten fühlt wohl jeder von uns in sich –, sondern zugleich auch eine Lichtgestalt, gewoben aus den göttlichen Möglichkeiten dieser Stufen. Die Lichtgestalt gehörte ihm aber nicht wie das real verbrachte Leben und dessen Erinnerung, sondern sie war ein Geschenk der »Mütter«, der Göttinnen von Eleusis. Als darstellenden Gott nannte man die Lichtgestalt Iakchos, einen schöneren Bakchos, er war eine geheime Jugendgestalt des sich stets verwandelnden Dionysos.
In der Wirklichkeit unseres vergangenen Lebens liegen neben dem, was gelungen ist, auch Fehler. Da alle vergangenen Stufen in uns weiterwirken, streuen die Fehler Gift in die heutigen und zukünftigen Taten. Die Weihen waren u. a. ein Mittel, um die Wirkung dieses Giftes zu vermindern.

*

Liebe Zuhörer, Sie bemerken wohl, der Rückgang über die Altersstufen gleicht einer Lebensbeichte. Ich stelle diese Übung nun an einem kleinen, heutigen Beispiel dar: Vor Ihnen stehe zur Zeit ich und spreche. Warum luden unsere Freunde mich dazu nach Hamburg? Ich erinnere eine ähnliche frühere Szene anderswo, die sie dazu veranlaßt haben mag. An meiner damaligen Rede wirkten mit, meine ich, Zufall, Routine usw. neben einer kleinen Vorleistung an geistiger Arbeit. Den Widerspruch gegen diese Darstellung, den ich nun bemerke, darf ich ebenfalls gelten lassen; denn es geht nur darum, daß in den irdischen Taten viele Kräfte mitwirken, nicht allein die richtigen und reifen. Ohne Nebenwind bleibt nur der Kultus, weil er alles vorschreibt und keinem Einfall des

Einzelnen aus Willkür Raum gewährt. Darum: Heute bin ich eher geneigt als damals, auch die falschen Kräfte zu sehen und sie von der redlichen Arbeit abzutrennen. Je deutlicher ich dies nun tue, je kräftiger ich unechte Mitursachen erkenne und verabscheue, um so weniger wirken diese weiter, um so mehr wird die Rede diesesmal, hoffentlich, allein auf Leistung beruhen.

Schreite ich nun weiter mit meinem Urteil rückwärts von Lebensszene zu Lebensszene, sehe ich zunächst unter Schmerzen meinen halb verpaßten und oft verfälschten Bildungsweg, einen Weg, den gemischter Wille und gemischte Taten mehr als die Schulung bestimmten. Durch die kritische Rückschau aber erreiche ich mehr und mehr, daß die früheren Szenen nicht in ihrer Gänze auf die heutige wirken, sondern möglichst nur ein heller Strahl aus ihnen. Von den Mysten sagten wir, daß nach ihrer Weihe nicht mehr der Schatten der versunkenen Lebensalter, sondern deren von den Müttern neu geschenkte Lichtgestalt in ihren Gedanken und Taten weiterwirkte, nicht mehr Bakchos, sondern Iakchos.

*

Wir versuchen nun, einen Eindruck von den reinen Möglichkeiten eines Menschen zu gewinnen; wir üben den Blick für die Aufgabengestalt des Einzelnen, für ein in ihm liegendes Bild der Taten, die ihm zukommen, die er nach einem übermenschlich-vorirdischen Urteil tun kann und soll. Dieses Bild liegt tiefer in ihm als das Kraftgebilde, das wir durch sein Geburtshoroskop verdeutlichen. Das Horoskop ist nur ein Schatten und oft nur ein ungenauer; es gibt an, wozu Neigung in der Seele vorhanden ist und wann uns etwas zustoßen wird. Außerdem zeigt es wie ein Schatten nur den Umriß, nicht die Mitte.

Aber das vorirdische Bild, von dem wir eigentlich reden, zeichnet den Kern des Menschenlebens, die in ihm liegenden möglichen und richtigen Taten. »Richtig« heißt hier: förderlich, aufbauend für sein und der Menschheit Werden, – was die Kraft gewöhnlichen Urteils übersteigt.
Leichter sichtbar wird es als Nachbild eines Lebens, obgleich auch für dieses der Blick zuerst geschult werden muß. Wer als Pfarrer Nachrufe vorbereitet und wahr und konkret sprechen möchte, schaut vorzüglich auf das Grundgerüst. Die Altersstufen und Ortsveränderungen bieten die gröbsten, aber sicheren Marken. Dann fragt man weiter: Durch welche Taten und Leiden werden die festgestellten Abschnitte erfüllt? Schon dies bescheidene Gerüst zeichnet meist das Wesen des Verstorbenen richtiger und genauer als die üblichen Gütemarken, die man ihm durch Adjektive nachzurufen pflegt. Das Verfahren soll nicht heißen, daß der Prediger beim Gerüst des Lebens stehenbleibe; aber dieser Rahmen eröffnet meist wie ein Fenster eine gute Sicht, und dies läßt in vielen Malen erfahren, es gebe zwar langweilige Personen, aber keine langweiligen Biographien. In Lebensläufen steckt immer Genie.
Was wir aus vollendeten Lebensläufen ein wenig erkennen, das vermag der Einzelne manchmal vorher zu ahnen; am leichtesten vermag er es in seiner Jugend, nie in der Kindheit, selten in der Lebensmitte. Dazu veranlagt ist die Stufe, auf welcher die Griechen einweihten, mancherorts ab sechzehn, in Eleusis ab neunzehn Jahren. Wir stoßen mit solcher Ahnung auf das Geheimnis, welches Steiner mit den Indern »Karma« nannte. Das Wort heißt »Werk« und meint den möglichen Tatenkern des Menschen. Wir untersuchen hier nicht die Bildung des Karma, nicht seine Herkunft, sondern wir suchen es so auf, wie es sich manchmal einer zarten Wahrnehmung zeigt.

In China malten zu der Zeit, als Karl der Große Europa beherrschte, Mönche, Buddha-Jünger mit Pinsel und Tusche einen Kreis oder ein anderes Zeichen, oder ein Gesicht, mit wenigen Strichen eine Gestalt, die noch heute das von uns gemeinte Bild in der Seele berühren können; sie wecken es leise auf, weil sie es spiegeln. Gern malten die Mönche den Kopf ihres Meisters Bodhidharma, der im Jahre 520 n. Chr. von Indien gekommen und die Schule begründet hatte, die sie »Zen« oder »Meditation« nannten. Wenn sie Gesichter malten, dann solche, denen alles Zufällige und Willkürliche fehlte, eben die von Meistern. Der Betrachter wird hernach an seinen eigenen Kern erinnert. Jene Buddhisten suchten zwar nicht Karma, sondern etwas hinter ihm; aber wohl eben darum trafen sie das am ehesten, von dem wir reden.

Das Karmabild in der Tiefe der Seele ist nicht farbig; es findet sich wie jene sparsamen Tuschzeichnungen in Schwarzweiß. Indem wir unser Lebenswerk vollbringen, malen wir dieses Bild farbig aus. Im fertigen Bild erscheinen versäumte Taten, die bekanntlich meist zu den schwersten Sünden zählen, leer, die Vorzeichnung bleibt unerfüllt. Andere Stellen zeigen, daß wir zwar kräftig zupackten, daß wir es aber mit schmutzigen Händen taten. Und wo das Leben uns allzu gut gefiel, bedecken allzu dicke Farben die Zeichnung, machen sie unsichtbar. Die Aufgabe aber lautet, überall das vorgegebene Muster mit zarten Farben zu besetzen. Meist wird den Mächten seines Entwurfes am Ende wohl etwas wie ein Ölbild sichtbar, das sie wiedererkennen und im Ganzen anerkennen. Meist reicht der Mensch im Tode dem Himmel nicht nur Fehler zurück, sondern mit dem durch irdische Taten und Leiden ausgemalten Bild auch etwas, was sich für die Oberen lohnt.

Novalis malte mit Worten in seinem Roman von 1800,

im »Heinrich von Ofterdingen«, ein solches, vom Himmel stammendes Bild mit einem leichten Überzug von zarten Seelenfarben: »Der junge Ofterdingen ward von Rittern und Frauen wegen seiner Bescheidenheit und seines ungezwungenen milden Betragens gepriesen, und die letztern verweilten gern auf seiner einnehmenden Gestalt, die wie das einfache Wort eines Unbekannten war, das man fast überhört, bis längst nach seinem Abschiede es seine tiefe unscheinbare Knospe immer mehr auftut, und endlich eine herrliche Blume in allem Farbenglanze dichtverschlungener Blätter zeigt, so daß man es nie vergißt, nicht müde wird es zu wiederholen, und einen unversieglichen immer gegenwärtigen Schatz daran hat. Man besinnt sich nun genauer auf den Unbekannten, und ahndet und ahndet, bis es auf einmal klar wird, daß es ein Bewohner der höhern Welt gewesen sei.« – Ein solcher Jüngling »Iakchos« oder eine Jungfrau steckt in uns allen, nur ist sie allzu tief verhüllt.

*

Die deutliche Unterscheidung der Lebensalter und die rückläufige Metamorphose der Eleusinien; das einer stillen, schmerzlichen Beichte ähnliche Trennen von Falsch und Richtig, Gut und Böse in unseren vergangenen Werdestufen; die Vorahnung kommenden Tuns und Leidens und das Nachleuchten der Ordnung in dem gelebten Leben – Hans Carossa schenkte uns dies schöne Wort –, sie führen den Einzelnen zu seinem ewigen Wesen, über welches der Engel wacht.

Damit im folgenden das Vorstellen deutlich bleibe, greife ich nun kräftig in den Schatz der Engellehre, die Paulus brachte und die Steiner erneuert hat. Die Mythen der Völker vermitteln solche Vorstellungen, die neben jener sich wie Bruchstücke ausnehmen. Nur die Buddhisten pflegen eine ähnliche, umfassende Lehre.

Die Gemeinschaft hüllt den Einzelnen ein und trägt ihn. Sie besteht aus Gruppen verschiedener Art und Größe: Familie, Schule, Werkstatt, Büro, Firma, Gemeinde, Dorf, Stadt, Staat, Volk, Kultur, Religion und Menschheit. Die Gruppen von der Familie bis zum Dorf dienen dem Einzelnen zu seinem Leben; was er ihnen gibt, erhält er unmittelbar zurück: Für seine Liebe empfängt er Gegenliebe, für Arbeit Einkommen, für Steuer Sicherheit. Dieses Verhältnis gilt meist auch zwischen dem Einzelnen und dem Staat. Anders aber steht er zum Volk, zu den Gemeinschaften der Religion und der Kultur und zur Menschheit. Sie fordern eine zusätzliche Hingabe des Herzens. Kant band zwar mit seiner Moral, mit dem kategorischen Imperativ, die denkenden Menschen, gleichsam nur unsere Köpfe, unmittelbar an die Menschheit; zur strengen Reinerhaltung der Bindung sollte man den kategorischen Imperativ auch wirklich achten; die Forderung solcher Art von Willen, nach welcher jeder Vernünftige in gleicher Lage handeln dürfte. In Wahrheit aber bedürfen die Beziehungen zu Volk, Sprache, Religion und Menschheit einer viel größeren Opferfreude als die beinahe privaten. Die nun hierher gehörenden Opfer kennen kein Gleichgewicht von Geben und Nehmen. Nicht mehr der Engel, sondern Erzengel, Archai und noch höhere Geister empfangen sie. Erst unter ihrem Walten erhebt der Einzelne sich ernstlich über sich selbst hinaus.

Im höhere Sinne bleiben Geben und Nehmen, seelisches Opfern und geistiges Empfangen, allerdings auch hier aufeinander angewiesen, nur in längeren Zeiten. Der Einzelne kann meinen, sein Volk und seine Sprache trügen ihn ungesehen und unvergolten, er dürfe sich dem angenehmen Gefühle und dem stärkenden Bewußtsein überlassen, einer großen oder einer geachteten Nation anzugehören, als ob es sein Verdienst sei, Engländer, Deutscher oder desgleichen zu sein. Er kann sich auch von großer Dichtung in seiner Sprache ohne Mühen und Opfer erheben lassen. Zwar muß die Jugend es so halten, um Anteil zu gewinnen; aber leicht wird dann übersehen, daß seelisches Vermögen, schönes Können, nur aus dem Einsatz Einzelner, aus Arbeit und Leid von opferbereiten Menschen erwachsen, während auch der feinste Genuß auf die Dauer abstumpft. Geist und Seele eines Volkes verfallen, dem nicht seine Alten in schwerer Arbeit erstatten, was sie als Junge empfingen.

Mit der einst hochtragenden Empfindung für das Volk stehen wir in Deutschland seit dem Jahre 1933 am Nullpunkt, in der Armut. Seit den fünfziger Jahren sank auch die Liebe zur deutschen Sprache bei vielen. In derselben Weise stirbt die religiöse Überlieferung, stirbt das Gefühl für Geschichte überhaupt. Schließlich stirbt trotz des phrasenhaften Schwurs in Ost und West auf Humanismus auch der Sinn für Menschentum. Wo Erinnern schwindet, verliert das Ich seine schöpferische Möglichkeit.

Margarete und Alexander Mitscherlich, Seelenärzte in Frankfurt, schrieben im Jahre 1967 ein Buch unter dem Titel »Die Unfähigkeit zu trauern«. Mitscherlichs bemerken, daß viele ihrer Patienten, die zusammen ein Bild des Bundesbürgers darbieten, einer Lähmung ihrer Seele erlegen sind ähnlich der, welche Menschen anfällt, die Wichtiges aus ihrem Leben auslöschen möchten, es nicht wahrhaben wollen. Solche heimlich Gelähmten können zwar in hohem Maße arbeiten, aber sie vermögen für ihr Leben und Schaffen nichts Neues mehr zu denken und zu wollen; sie können sich nicht wandeln, wahrscheinlich, weil sie unbewußt unentwegt wie Wächter der verschleierten Vergangenheit zurückblicken. Heilung und die Möglichkeit zu ihrer weiteren Entwicklung kann nur der anbahnen, der sie anleitet, die verschwiegenen Szenen oft und gründlich zu erinnern und dabei »Trauerarbeit« zu leisten.

Die Patienten, von denen Mitscherlichs dieses Mal reden, verbergen aber gar keine Punkte ihres persönlichen Lebens und sind trotzdem in dem angegebenen Sinne gelähmt. Die beiden Ärzte glauben, daß bei ihnen ein Teil der Geschichte ihres Volkes der gewollten Erinnerung entschwand und das absichtliche Vergessen des tragischen Geschickes der vorher stark gefühlten Großgemeinschaft sie krank machte. Solchem Vergessen, fügen wir hinzu, fiel keinesfalls nur Hitlers »Drittes Reich« bei ehemaligen Nationalsozialisten anheim, sondern bei älteren, tief gekränkten Patrioten auch die deutsche Geschichte seit 1914 oder 1917 und bei vielen Vätern unseres Grundgesetzes wohl auch ein ihnen als unfaßlich erscheinendes Geschehen in den zwölf Jahren des »tausendjährigen Reiches«.

Die gründlichste Trauerarbeit für ein Volk leisteten die spätjüdischen Propheten des Alten Bundes nach dem Untergang der beiden Reiche Israel. Der Inhalt ihrer Trauer war die Gottentfremdung ihrer meisten Könige vom alternden Salomo bis zu dem, der Jerusalem im Jahre 587 v. Chr. unter Jeremias' Klagen in den Abgrund führte. Während der folgenden Jahrhunderte erwachte in den trauernden Seelen der apokalyptische Geist, für den die Bücher Daniel zeugen. Die reife Frucht dieses Aufganges einer neuen religiösen Fähigkeit liegt in der Apokalypse des Neuen Testamentes.

In der Bundesrepublik bestimmten in den entscheidenden Jahren 1945 bis 1948 die alten Parteiführer der zwanziger Jahre die Richtung. Diese Väter glaubten, die Ordnung, welche unter ihren Händen endgültig 1933 zerbrochen war, nach der Niederlage vereinfacht und gefestigt fortführen zu sollen und zu können. Sie dachten so, wie man es tun müßte, wenn die ereignisschweren Jahre unter Hitler uns nur äußerlich wie ein Unfall zugestoßen wären. Der vor Ihnen spricht, war mit einer Reihe der damals führenden Männer bekannt. Sie ermöglichten, um von ihren Tugenden zu reden, mit amerikanischer Hilfe den wirtschaftlichen Wiederaufbau; als beste Gabe aber hinterließen sie das Grundgesetz, eine Staatsverfassung mit unmittelbarer und vorrangiger Gesetzeskraft, unter den heute in der Welt geltenden wohl die Verfassung, welche ihren Bürgern am meisten Freiheit schenkt.

Das Grundgesetz geht geistig auf Kant zurück, auf dessen hohe Auffassung von der Würde des denkenden Menschen. Kant spricht dem Einzelnen Würde zu. Da nur der Einzelne denken kann, besitzen kein Staat, keine Menge, keine Gesellschaft und kein Kollektiv eine Würde aus sich selbst. Das Grundgesetz ist eine späte Frucht besten deutschen Geisteslebens vor zweihundert Jahren. Es ist als Ausgangspunkt einer Entwickelung geeignet; wir müssen wachen, daß es nicht von Kollektiven untergraben und zerstört wird. Aber so wenig Kant unseres Vergessens oder gar Verleugnens wert ist, so wenig kann er heute in ganz veränderter Zeit Weisung für die Zukunft geben.

Unsere Jugend ißt notwendig das Brot der Alten, das Brot des wirtschaftlichen Wiederaufbaues; mehr als Brot jedoch braucht sie Gedanken, die zum ersten Male verwirklicht werden sollen. Sie muß ihr Leben selbst gestalten. Weil neue Gedanken öffentlich fehlten, sind die Jungen nun von Kant zu Marx fortgeschritten, wenn dieser Fortschritt auch immer noch hundert Jahre hinterherhinkt. Marx sprach wenigstens schon für Menschen der Maschinenzeit von arbeitsteiliger Produktion und Kapital.

Für das Bewußtsein von der Geschichte bringen die Neomarxisten von der Arbeit her einen vorhin schon besprochenen neuen Gesichtspunkt bei: Sagten Nietzsche und Mussolini: »Männer machen die Geschichte«, so sprach Marx solchen »Männern«, den Handhabern der Gewalt, den Herrschern, nur eine Formgebung des öffentlichen Lebens zu; dessen Sein und Werden aber erwachse allein aus der Arbeit, und zwar aus übertragbarer und geteilter Arbeit.

Kunstschaffen ist nicht übertragbar. Im Rückblick auf die Geschichte muß man sagen, daß schon die Menschen des Mittelalters, sicher aber die Griechen, schöpferisch nur als Denker und Künstler waren, in *den* Gebieten der Kultur, die Marx genau nicht meinte. Weil Marxens Schema für alte Zeiten nicht paßt, muß gemäß den Neomarxisten nicht etwa dieses Denkmodell geändert werden, sondern die Geschichte muß umgeschrieben werden. Die Griechen werden von ihnen so gedeutet, wie sie selbst sich nie verstanden. Das heißt aber, die Herren verfälschen die Geschichte.

Die Klügeren unter den Neomarxisten ziehen sich auf die Entwicklungen in Westeuropa seit dem siebzehnten Jahrhundert zurück. Nur Unvorsichtige beziehen sich noch auf den deutschen Bauernkrieg der Luther-Zeit, auf den verlorenen Befreiungskrieg der Bauern, den diese, befeuert von den Bildern der Apokalypse, niederbrennend und viel Blut vergießend, gegen den Adel führten. Dieser Aufstand wurde freilich allzulange nur beschimpft. Die Ausgabe aller Schriften ihres größten theologischen Führers, Thomas Müntzer (1489–1525), begann erst 1931 und kam zu Ende nach dem letzten Kriege. So verdienstlich sie auch ist, sie wäre schon im neunzehnten Jahrhundert nötig gewesen. Aber Müntzer und die Bauern nützen den Marxisten nichts; sie sprachen gegen zu viele Fronarbeit, die der heutigen Arbeit für den Staat entspricht – in Westdeutschland macht sie mehr als die Hälfte un-

serer Arbeit aus –, und sprachen für die Freiheit der Religion.
Der sehr gescheite Jürgen Habermas findet ein ihm heute brauchbar scheinendes Denken frühestens bei Kant. Er benutzt Kant und Hegel aber wie Steinbrüche für Begriffe. Neben Marx und Nietzsche befaßt sich Habermas ernstlich nur mit lebenden Autoren, und weil es da nicht viel große gibt, auch mit kleinen. Geschichte scheint erloschen zu sein; das Gedächtnis der Menschen wird nun auch noch bewußt gelähmt. Dadurch schwindet laut Mitscherlich seelisch die Möglichkeit, Neues zu schaffen.
Wo mit der gemeinsamen, langfristigen Erinnerung zweckgebunden umgesprungen wird oder wo sie gar unterbunden wird, da werden Menschenseelen verhindert, sich weiter zu entwickeln. Darum ist das beschriebene Denksystem böse, nicht etwa weil es wünscht, Besitzverhältnisse zu ändern. Dieser Wunsch wirft auch Fragen auf, aber viel geringere. Das Erinnern der Geschichte muß nach Kräften objektiv und so peinlich gepflegt werden wie das Erinnern des eigenen Lebens, wo es nötig wird, eben peinlich, das heißt mit Trauerarbeit. Deutsche Söhne können seit den sechziger Jahren Marxens kurzbeiniger Geschichtsdeutung darum glauben, weil deutsche Väter zwanzig Jahre vorher und viele bereits fünfzig Jahre vorher für sich ein nach Kräften lückenloses Geschichtsbewußtsein aufgegeben hatten.

*

Wie heilen wir die durch mangelndes Geschichtsbewußtsein kranke Stelle in unserer Seele, zuerst bei uns und dann vielleicht bei so viel führenden Menschen, daß die Heilung auf die Kultur einwirkt? Wie kräftigen wir das denkende Erinnern? – Das fühlende Erinnern verbindet uns mit unserem Volk und seiner Geschichte wie mit einer Mutter. Das denkende Erinnern verbindet mit dem Strom der Kultur, die uns geistig zeugte. Die Ideen und Begriffe, die wir in der Jugend mühevoll erwarben und nun für unseren inneren Besitz halten, diese Ideen gehören uns nicht; sie sind erborgt und möchten zurückgegeben werden! Wie man beim Sprechen oder Schreiben die Namen von Autoren nennt, wenn man ihren Büchern Wesentliches entnahm, anders zu handeln wäre geistiger Diebstahl, so möchte jeder Gedanke mit dem Namen dessen verbunden bleiben, der ihn fand. Diese Rückgabe und dieser Dank sind etwas ganz anderes als der eitle Aufputz mit Zitaten.

*

Wenn Sie nun freundlich noch einen zweiten kurzen Blick in ein Bündel unerfreulicher Gepflogenheiten von Zeitgenossen tun wollen, dann werden Sie hernach aus dem Ranzen auf Ihrem Rücken die Töne einer kleinen Harfe hören, die wir alle dort verborgen tragen: Das Zitieren dient noch schlimmeren Schwächen als der Eitelkeit, wenn mittelmäßige Fachgelehrte es zum Schutze gegen fachfremde Intelligenz verwenden. Sie halten sich dann an die Regel, nur solche Namen zu erwähnen, welche die fünf oder zehn führenden Lehrstuhlinhaber ihres Landes im Munde führen und allenfalls noch Arbeiten von deren Schülern, aber keine anderen. Sollten aber zwei oder drei der Meister die Autoren wechseln, folgt man schnell im Schwarmverhalten. Eigenes Urteil in wichtiger Sache oder gegenüber ungewöhnlichen Personen schädigt den Ruf; und von diesem Ruf lebt man seelisch, nicht etwa von einer freien geistigen Leistung, die aus eigener Beobachtung und viel Denken erwächst.
Ein stärkeres Mittelchen des Teufels, gelehrte Menschen

vom Geiste abzuschneiden, wird in manchen naturwissenschaftlichen und medizinischen Zeitschriften gepflegt: Zitiere nur Arbeiten der letzten zwei Jahre! Angeblich zwingt dazu die Überfülle rasch entwerteter Beobachtungen. Wenn in Bälde statt von Zeitschriften nur noch von Computern gespeichert wird und dadurch leicht ausgewählt und abgerufen werden kann, auch dann wird es des durch Denken vorbereiteten Urteils bedürfen über das, was fruchtbar ist oder was nur Sand vertritt, des Urteils, dessen Mangel wissenschaftliche Irrwege, viel Stoff mit wenig Erfolg bringt. Nur das Urteil sondert Spreu von Korn, mit ihm versinkt man nicht im Material weniger Jahre. Die Grundfrage bleibt immer: Wie wird man urteilsfähig?

Nötig ist, daß die Gedanken mehr Gewicht erhalten, daß sie in der Seele sicherer leben, Umgang miteinander gewinnen ähnlich dem, welchen sonst Personen miteinander pflegen. Das erreichen wir so: Im stillen, auch ohne zu reden oder zu schreiben, fügen wir unseren Ideen wieder die Namen ihrer Finder bei. Dadurch geht unserem Selbstbewußtsein zunächst etwas oder viel verloren. Wir opfern oft solchen geistigen Ahnen, welche schon vor mehr als zweitausend Jahren starben. Dabei geht es zu wie bei anderen Opfern auch, die dem Himmel dargebracht werden: Die gewordene, fertige Person verliert, und das schaffende Ich darf auf eine neue Geistesgabe warten; früher oder später, zur offenen Freude oder unbemerkt, wird sie kommen.

Beim Erinnern an die Menschen, welche unsere Gedanken fanden, wird niemand durch Menge überanstrengt, als ob man singen müßte: »Wer kennt die Länder, nennt die Namen?«. Denn die meisten Ideen gehen auf wenige, frühe Griechen zurück wie Thales (um 600 v. Chr.), Parmenides (540–470), Heraklit (550–480), Platon (428 bis

348) und Aristoteles (386-322). Wer die Philosophiegeschichte nicht kennt und sonst nicht braucht, erinnert sich bei wichtigen Gedanken stellvertretend an den Menschen, der sie ihm sagte: an den Vater, an diesen Lehrer, jenen Redner; dann bringt er im Rahmen seines Vermögens dasselbe Opfer.

Besonders günstig ist dies Erinnern, wenn die Vermittler bereits verstorben sind. Durch die Wiederverbindung mit ihnen gewinnen die Gedanken an Gewicht, bleiben und bewegen sich in der Seele und stärken schließlich den äußeren Blick für Mögliches und Fruchtbares. Denken wird sogleich zum Umgang mit geliebten Toten. Die Toten sehen, was dem Denkenden nottut, und weisen ihn hin auf Möglichkeiten, die sie leichter sehen als Lebende, die oft an ihre sinnliche Wirklichkeit wie genagelt sind. Etwas Ähnliches gibt es auch auf überpersönlicher Ebene; auch den Gang der Kultur fördern die bisher von niemand gesehenen Möglichkeiten, während die Übermacht der Sachen und festen Zustände manchmal sehr schnell versinkt, wie wir in unserem Jahrhundert bemerken.

Der Namen der großen Denker, an die wir uns erinnern, sind nicht zuviele. Auch die großen Gedanken sind nicht so zahlreich wie die Sterne, so daß wir singen müßten: Nur »Gott, der Herr, hat sie gezählet«. Die vielen Sterne gehören ja zu Bildern am Himmel, und die Sonne durchläuft zwölf von ihnen, die uns darum besonders angehen. Die Sonne hat auch nur sechs oder neun Planeten. Ebenso steht uns nur eine überschaubare Zahl von Grundgedanken zur Verfügung.

Der kürzlich verstorbene Kölner Philosophiegeschichtler Heinz Heimsoeth schrieb 1921 ein gutes Buch: »Die sechs großen Themen der abendländischen Methaphysik«. Heimsoeths Gegenstand war nicht der unsere, aber auch er zeigte, wie klein die Zahl der großen Gedanken ist, die uns Menschen bis jetzt zugänglich wurden. Vorhin zählten wir die von Platon und Aristoteles benutzten Prinzipien und Kategorien auf: etwa zwanzig. Leitbilder oder Modelle des abendländischen Denkens mag es zehn oder wenige mehr geben. Ich habe das in dem Buch »Das Ich und die Gesellschaft« dargestellt. Aber die hier vor Ihnen entwickelten vier Denkmodelle genügen, um das gegenwärtige wissenschaftliche Bewußtsein zusammenzufassen und, wie ich hoffe, um es zu festigen und fruchtbarer, einfallsreicher zu machen. Wir bauen das Modell der unerschöpflichen Quelle aus. Während unsere irdische Person an die physische Umwelt und deren Einflüsse gebunden ist, vermag das Ich die Möglichkeiten zu begreifen und zu verwirklichen; es kann neue Samen empfangen und aussäen.

Haben wir uns gewöhnt, mit jeder Idee ihren irdischen Urheber, sein Leben und den Umkreis seiner übrigen Gedanken vorzustellen und mitzudenken, dann setzt ein geistiger Rückflug zu uns hin ein. Der Kulturstrom wird nicht mehr nur erinnert, sondern er beginnt, uns zu tragen; der Chor seiner Urheber fängt an, selbst in uns zu denken. Er klingt zusammen wie von einer großen Harfe. Wir persönlich denken selten erheblich, aber die Ideen schließen sich aneinander im Zeitenstrom und klingen wie Stimmen von Wesen. Wie wir sie auf unsere heutige Welt beziehen, bleibe zunächst noch offen. Das ist nicht die Sache des Denkens selbst, sondern eines nachfolgenden Urteils. Vorerst denken wir nur, wir hören erst einmal auf den Chor, auf die Harfe eines Erdteils. So entsteht geistige Sicherheit in uns selbst. Sie bliebe auf diesem Felde auch dann bestehen, wenn alle lebenden Kenner sich gegen den Einzelnen stellen würden. Der äußerlich einsame, aber selbständige Denker ist keine Person mit Meinung. Hinter dem horchenden Denker steht die unsichtbare Gemeinschaft der Geister; man könnte sie die »Denkkirche« des Abendlandes nennen. Aber keine Mehrheitsbeschlüsse von Bischöfen auf Konzilien und keinen kaiserlichen Einfluß gibt es hier, sondern nur den Zusammenklang der Mitdenkenden oder die Dissonanz des Wechsels der Führung unter den drei Prinzipien der Einheit, der Unbestimmten Zwei und der Nullheit oder auch der Dissonanz des noch Ungeklärten.

*

Metaphysisch bewegen wir uns nun nicht mehr unter dem Engel und nicht mehr im Hause des Erzengels, sondern wir treten vor den Blick eines Arché, vor den Geist des Abendlandes. Um aber vor den Geist der Menschheit zu gelangen, müssen wir noch weiter steigen, bis wir den Kreis der Exusíai erreichen. Das ist durch den gekräftigten Umgang mit Ideen allein nicht möglich. Es bedarf zusätzlich einer Sicherung der Urteilskraft, damit unsere Gedanken nicht nur in sich selbst stimmen, sondern auch die Welt treffen; darauf kommt es letztlich selbstverständlich an. Die größte Frage heißt: Wie stärken wir die Urteilskraft?

Das Urteil muß zutreffend sein und muß wirksam werden, sonst ist es von Schaden. Die hundert Urteile in allen Dingen, auch die in der Politik, die wir täglich fällen und dann ohne Folgen lassen, schaden heimlich uns und der Welt. Blicken wir auf die Voraussetzungen eines rechten Urteils, so finden wir viele nötige Bedingungen gegenüber der Natur und noch mehr gegenüber Menschenleben und Menschentun. Ich zähle sogleich einige auf, möchte vorher aber an die abschließende Warnung der Bergpredigt erinnern: »Richtet nicht, auf daß ihr nicht gerichtet werdet« (Matthäus 7.1). Der griechische Text gebraucht das Wort kríno, welches sowohl urteilen bei Gericht als auch in der Überlegung meint. Die Bergpredigt spricht nicht etwa nur vom Verurteilen in vorschneller Rede, sondern sie kennzeichnet die Neigung jedes Urteils zum Irrtum und weist auf dessen Folge hin.

Das möchte ich nun etwas näher zeigen: Ein richtiges Urteil setzt eine genaue Beobachtung voraus und dazu noch Erfahrung. Die Beobachtung bedarf zusätzlich eines Überblickes über die zugehörigen, oft zahlreichen Erscheinungen im Raum. Erfahrung schließt in sich einen Überblick über die Flüsse des Werdens und Vergehens in der Zeit. Ein richtiges Urteil setzt sodann ein selbständiges Denken voraus, ein merkmalbestimmtes, aber schablonenfreies Trennen und Verbinden von Vorgängen, die nach Zeit und Raum oft weit auseinander liegen. Drittens bedarf es der Findigkeit gegenüber den Dingen und eines Sinnes für den richtigen Augenblick. Findigkeit ist wie ein kleines selbständiges Denken der Sinne selbst, und Spürsinn für den rechten Zeitpunkt ist wie ein eigenes Denken der inneren Uhr im Vergleichen mit Empfindungen und Taten der anderen Menschen. Die innere Uhr geht mittels des schlagenden Herzens; das Herz ist unser Sinnesorgan für Zeit.

Damit ein richtiges Urteil auch wirke, bedarf es der Kraft zum augenblicklichen Entschluß; in wichtiger Sache ist Mut dazu vonnöten, oft Todesmut. Entschluß ist solcher Wille, der von der inneren Uhr unmittelbar ausgelöst wird. Dem Zeitsinn des Herzens sind also ein selbständiges Denken als Bemerken eines entscheidenden Augenblickes und ein selbständiges Wollen als Entschluß angegliedert. Der Mut oder die Ausweitung der Seele über ihre Enge im Leibe als Angst, Mut ist der für Herz und Lunge allgemein angepaßte Wille. Mut und Entschluß sind Fähigkeiten, die mit dem Herzen zusammenhängen, nicht mit dem denkenden Kopfe und nicht mit den Sinnen des Kopfes wie Auge und Ohr, welche durch sich allein ein übermächtiges Bild der äußeren Welt vermitteln. Die Kräfte des Kopfes stehen der keimenden Entwicklung von Mut und Entschluß zunächst sogar entgegen, wie die vielen schlauen Feiglinge, die es gibt, und wie die klugen ewig Zögernden beweisen. Erst wenn Mut und Entschlußkraft groß genug sind, soll der Verstand sie wieder beraten; nie aber darf er sie beherrschen, denn dann gäbe es keine Opfer und keinen außerordentlichen Einsatz mehr.

Schon diese kurze Aufzählung verdeutlicht Ihnen wohl, daß zu einem wirksamen Urteil – das richtige besprachen wir –, daß zum wirksamen Urteil das Herz die meisten Kräfte beisteuert und daß zum glücklichen Zustandekommen Herz, Kopf und Hand verbunden werden müssen. Dabei bringt der Mensch sich selbst als ganzen zum Einsatz. Nur wer zur Selbsthingabe bereit ist, darf zum Urteil schreiten, kann ein richtiges und wirkendes Urteil fällen. – In jedem Falle tut die Gottheit es dann noch einmal und bildet aus dem Zusammenklang oder aus der Dissonanz der beiden Urteile das künftige Schicksal des Menschen, seinen künftigen Teil vom Grunde der Welt her.

Entsprechendes steht im Evangelium. Jesu Reden gemäß Johannes wiederholen seine Warnung vor dem Urteilen in der Bergpredigt; auch er setzt den Todesmut voraus. Im Tempel sagt er zu Gelehrten: »Ihr richtet nach dem Fleisch; ich richte niemand. Wenn ich aber richte, dann ist mein Gericht recht – mein Urteil wahr –... Aber wohin ich gehe, dahin könnt ihr nicht kommen. – Da sprachen sie: Will er sich denn selbst töten?« (Johannes 8.15. ff.). Dieselbe Rede mit anderen Worten wiederholt Jesus bei seinem letzten Abendmahl.

Unsere Fehlurteile beruhen darauf, daß wir die physische Wirklichkeit übermächtig sehen und für Möglichkeiten blind sind; daß wir die Ströme des Werdens von solchen zum Untergang nicht scheiden können. Den Geist der überblendenden Wirklichkeit im Raum nennt Jesus in den Abschiedsreden den Fürsten dieser Welt, der durch den Todesgang des Sohnes gerichtet und überwunden wird (Johannes 16.11). Das Übermaß der Raumwahrnehmung und die Blendung für die Kräfte in der Zeit begannen mit dem Sündenfall, von dem das Kreuz auf Golgatha uns heilen möchte; als Folge des Falles geschah es: »Da wurden die Augen ihnen aufgetan, und sie bemerkten, daß sie nackt waren« (Genesis 3.7).

Um die Ströme des Werdens und Vergehens zu sehen und um die Möglichkeiten für Entwicklungen zu erkennen, bedürfen wir eines göttlichen Auges, welches statt im Raume in der Zeit sieht. Wissen wir, daß unser Herz u. a. ein Sinnesorgan für die Zeit ist, dann wird ein »sehendes Herz« uns zu einem gerechtfertigten Begriffe. Wir bedürfen des Fernblickes in der Zeit, der Überschau zum gesamten Werden von Mensch und Welt, um einer vorhandenen Kraft abzuspüren, wohin sie am Ende treibt, das heißt, ob sie gut sei.

Einen Plan in bewegten Zukunftsbildern für Mensch und und Welt schenkt die Bibel uns mit ihrem letzten Buch, mit der Apokalypse. Der greise Seher Johannes empfing vom auferstandenen Christus diese bewegten Bilder, als schwere Zwangsarbeit in den Steinbrüchen der Insel Patmos ihn bedrückte. Würde, was er schrieb, leicht zu begreifen sein, dann würde unser Kopf seine Herrschaft über das Herz mit Hilfe dieses Buches zum Unheil der Menschen noch weiter befestigen. Dem Kopfe muß das Buch darum vorerst noch ein Rätsel bleiben.

Hält man den Verstand aber zurück, und läßt man die

Bilder ohne dessen Einspruch gläubig stark auf Gefühl und Willen wirken, dann tritt wiederum nichts Gutes ein, denn dann reißen die Bilder das Wollen und Fühlen vom Denken los. Das herabgedrückte Denken wird dann meist kurzschlüssig und abhängig vom Buchstaben, während der Wille hemmungslos wächst und sehr leicht fanatisch wird. Aber nicht die Apokalypse bewirkt den Abweg, sondern der schlechte Zustand der Menschenseele, die Sündenkrankheit. Auf diese Krankheit, auf die Erbsünde, muß man Rücksicht nehmen, wenn man die vorhandenen Menschen dem Licht des Christus aussetzen möchte. Entweder darf die Apokalypse vorerst nur gedämpft auf die Seelen wirken, oder die Seelen müssen eine gegenpolige Kraft besonders pflegen, gegenpolig zu ihrem Willen, auf den das Buch wirkt. Diese Kraft heißt Denken.

Drei Schutzwehren gegen die Willensübermacht der apokalyptischen Bilder, drei Wehren, welche die Wirkung der Bilder mäßigen, sind mir bekannt. Der erste Schutz liegt in dem Buche selbst, muß aber hervorgehoben und beachtet werden, da der menschliche Verstand versucht, ihn zuzudecken. Die Bilderreihe des Buches deckt sich nicht mit der Folge aller kommenden geschichtlichen Ereignisse, wie der Leser leicht erwartet, sondern die Reihe gibt ein Grundgesetz, welches viele und sehr verschiedene, einander oft auch übergreifende Entwicklungen gliedert. Sie ergeben alle zusammen zwar wieder eine Zeitgestalt, welche auch diesem Gesetze folgt, aber die Offenbarung Christi bildet zunächst nur das Auge für geschichtliche Abläufe, sie bildet nicht wie eine Photographie selbst die Geschichte ab. Überall wird man ihre Gesetze wiederfinden; aber die Abläufe im Erleben zuerst einmal beobachten und deren Gesetze auffinden, das muß jeder Mensch selbst tun. Die Apokalypse nimmt uns keine Arbeit ab, sondern sie rüstet uns für eine neue Arbeit aus.

Der Mensch erlebt zunächst nur die Einzelströme; er muß deren Besonderheiten finden, muß den Sinn für entscheidende Augenblicke bilden, und er wird auch Mut, Entschluß und Einsatz üben. Durch diese Selbsterziehung unter Bildern wird er seine gewöhnlichen Urteile immer mehr zurückhalten, seine seltenen nötigen Urteile werden immer entwicklungsfördernder und werden Taten nach sich ziehen.

Der zweite mir bekannte Schutz schließt den ersten ein, beteiligt aber von vornherein stark eine vielgliedrige Erinnerung und das Denken. Steiner schuf ihn in Vortragszyklen und im Hauptkapitel seines Buches »Die Geheimwissenschaft im Umriß« (1910). – In Steiners Kindheitssprache hieß auch die Apokalypse »Die geheime Offenbarung«. – Er untermalte die Apokalypse als einen Werdeplan der Welt, bei ihm ist es auch ein Plan der Weltvergangenheit, mit so vielen beinahe physischen Einzelheiten, mit stufenweisen Stoffbildungen und deren mannigfachen geistigen Formgebungen durch die Hierarchien, mit wandlungsfähigen Formen, die sich in die Stoffe einsenken, daß der gedankliche Nachvollzug sehr mühevoll wird. Aber gerade diese große geistige Mühe braucht der Leser, um seinen Willen mit der Überkraft der apokalyptischen Bilder ohne Schaden verschmelzen zu können. Solche im Denken und Erinnern höchst tätigen Seelen sind vor fanatisierender Überwältigung gesichert.

Den dritten Weg ging die Christenheit von Anfang, indem sie ihren Hauptgottesdienst dem Aufbau der Apokalypse folgen ließ. Alle alten Messen und auch die Menschenweihehandlung folgen dem Aufbau dieses Buches. Die vereinfachten Bilder des Gottesdienstes prägen durch Handlung und Worte den Seelen den Weltplan ein, welchen die Auferstehung Christi ermöglicht hat. Zu Handlung und Wort gehört in diesem Gottesdienst als drittes

Element die Vergeistigung oder Wandlung der Substanz in Brot und Wein. Aber dieser Vortrag ist nur dazu bestimmt, Bewußtseinsveränderungen zu verdeutlichen, das Tiefste des christlichen Gottesdienstes berührt er nicht: die Wandlung der Substanz.

Die Teilnahme am Gottesdienste bereitet das Seelenauge, welches in und hinter den sinnlichen Wirklichkeiten die Werdeströme und die Möglichkeiten für das Handeln wahrnimmt. Der Sinn für die entscheidenden Zeitpunkte wird geweckt. Das Neue Testament hat für den rechten Augenblick ein besonderes Wort, das es liebt und an wichtigen Stellen verwendet: kairós oder die einmalige Stunde. Die Stunde aller solcher Stunden der Weltgeschichte schlug, als Jesus auf Golgatha starb, und dann die nahe andere, als er auferstand. Das geschah, »als seine Zeit gekommen war« (Johannes 13.1). Damals war der kairós der Welt. Weckt der Gottesdienst solche Kräfte, dann muß man sagen, er gesunde und erkrafte das Denken, er mache fähig, zu einem richtigen Urteil und zum Entschluß zu kommen. Dem entspricht unsere Beobachtung besonders deutlich bei Jugendlichen, die oft der heiligen Handlung halfen.

*

Verehrte, liebe Zuhörer! Ihre Geduld erlaubte, das vierte Denkmodell, Quell und zugleich Same, welches Plotin in Gott sah, nicht nur auf das tätiggeistige Ich des Menschen teilweise zu übertragen, wie schon Augustin tat, sondern es so weiter zu entfalten, daß ein Wirken mit dem Volksgeist, mit dem Träger der Kultur und ein erfinderisches Wirken sogar im Dienste Christi möglich werde. Wirken meint hier ein Tun aus eigener Einsicht und zugleich ein Tun, welches keine Leiden scheut. Wir sahen, daß ein heilvolles Wirken aus dem Ich nur unter einer immer wiederkehrenden stillen Lebensbeichte möglich ist, unter einer Selbstkritik, welche nicht die Würde des Menschen verletzt, sondern sie reinigt, und welche die Führung des Engels erbittet, der den Lebensplan entwarf. Wir sahen außerdem, daß ein zusätzliches Wirken für Volk und Menschheit wenigstens anfänglich der apokalyptischen Sehkraft bedarf, die der Christus schenkt, wenn Menschen sich um sie bemühen. Möge zu solchem Wirken jeden Einzelnen der Engel und uns alle der Christus stärken!

DIETHER LAUENSTEIN

Das Geheimnis des Wals

Melvilles Moby Dick und das Alte Testament

Melvilles »Moby Dick« gehört zur großen Weltliteratur als einer der spannendsten Romane, weil die dichte Reihe meisterhaft geschilderter Abenteuer nicht abreißt. Der Roman liest sich prächtig; und doch ist dies nicht sein Kriterium. Dies beweist Diether Lauenstein voll Geist und Witz. Er ist mit seinem »Geheimnis des Wals« in die Tiefen hinabgetaucht, in denen Moby Dick beheimatet ist, und hat ihn, wenn auch nicht harpuniert, so doch erjagt als den Wal des Propheten Jonas, als den Mysterienroman der Neuzeit.

Dieser Entdeckung neben der bündigen Wiedergabe des Werkes zu folgen, heißt eine um nichts weniger abenteuerreiche, fesselnde Reise tun. Die ersten schweren Netze werden gehoben mit Hilfe der Bibel, vorzüglich des Alten Testamentes. Namen lösen sich dabei in ihre urbildliche Geschichte auf, so Ahab, Ismael oder Bildad; der Leviathan erscheint aus prophetischer und aus apokalyptischer Schau.

Bei einem gleichzeitig unternommenen Fischzug ersteht die vorplatonische Mysterienwelt, wie sie von den eleusinischen Weihen und von Apuleius überliefert ist. Und während des Kapitäns Ahab Schiff unter vollen Segeln dem Ungeheuer Moby Dick zum Kampf auf Leben und Tod entgegenjagt, öffnet sich mehr und mehr der Blick für die eigentlich gemeinten Mysterien der Geburt und des Todes.

304 Seiten, 2 Abbildungen, Paperback

VORTRÄGE

Eine Schriftenreihe mit Vorträgen, die im Rahmen der Christengemeinschaft gehalten wurden und Themen von allgemeinem Interesse im Lichte spiritueller Welterfahrung behandeln.

1 **Das Ereignis der Himmelfahrt Christi**
Von *Friedrich Benesch*

2 **Das Christentum in der Krise**
Von *Johannes Hemleben*

3 **Der Lebenslauf und seine Gesetze**
Von *Diether Lauenstein* (Doppelband)

4 **Energiekrisen und Wachstumsgrenzen im Zeichen des Materialismus**
Von *Friedrich Benesch*

5 **Der Mensch und sein Erdenschicksal**
Von *Johannes Hemleben*

6 **Das Rätsel der Kometen**
Von *Georg Blattmann*

7 **Geld — Gold — Gewissen**
Von *Gérard Klockenbring*

8 **Zur Bewußtseinskrise der Gegenwart**
Von *Friedrich Benesch*

9 **Christus-Erfahrungen**
Von *Eberhard Kurras*

10 **Lebenskrisen und ihre Bewältigung**
Von *Barbara Nordmeyer*

11 **Der Mensch im Spannungsfeld von Gut und Böse**
Von *Erwin Schühle*

12 **Pfingsten heute** Von *Friedrich Benesch*

VERLAG URACHHAUS STUTTGART